HISTOIRE

DE MADAME

HENRIETTE

D'ANGLETERRE

Premiere Femme de

PHILIPPE DE FRANCE
DUC D'ORLEANS.

Par DAME

MARIE DE LA VERGNE

COMTESSE DE LA FAYETTE.

A AMSTERDAM,
Chez MICHEL CHARLES LE CENE.
M. DCC. XX.

PREFACE.

ENRIETTE de France, Veuve de Charles I. Roi d'Angleterre avoit été obligée par ses malheurs de se retirer en France, & avoit choisi pour sa retraite ordinaire le Couvent de Ste. Marie de Chaillot : Elle y étoit attirée par la beauté du lieu, & plus encore par l'amitié qu'elle avoit pour la Mere Angelique * Superieure de cette maison. Cette personne étoit venuë fort jeune à la Cour, fille d'honneur d'Anne d'Autriche femme de Loüis XIII.

Ce Prince, dont les passions étoient pleines d'innocence, en étoit devenu amoureux, & elle avoit répondu à sa passion par une amitié fort tendre, & par une si grande fidélité pour la confiance dont il l'honoroit, qu'elle avoit été à l'épreuve

A 2　　　de

* *Mlle. de la Faiette, fille d'honneur d'Anne d'Autriche, Reine de France.*

PREFACE.

de tous les avantages que le Cardinal de Richelieu lui avoit fait en-
visager.

Comme ce Ministre vit qu'il ne
la pouvoit gagner, il crut avec quelque apparence qu'elle étoit gouver-
née par l'Evêque de Limoges son
Oncle, attaché à la Reine par Mad.
de Senecay *. Dans cette vuë il résolut de la perdre, & de l'obliger
à se retirer de la Cour; il gagna le
premier Valet de Chambre du Roi,
qui avoit leur confiance entiére, &
l'obligea à rapporter de part & d'autre des choses entiérement opposées
à la vérité. Elle étoit jeune & sans
experience & crut ce qu'on lui dit;
Elle s'imagina qu'on l'alloit abandonner, & se jetta dans les filles de
Ste. Marie. Le Roi fit tous ses efforts
pour l'en tirer; il lui montra claire-
ment son erreur, & la fausseté de ce
qu'elle avoit cru; mais elle resista à
tout, & se fit Religieuse quand le
tems le lui put permettre.

Le Roi conserva pour elle beau-

coup

* *Dame d'honneur d'Anne d'Autriche.*

coup d'amitié, & lui donna sa confiance : ainsi, quoique Religieuse, elle étoit très-considerée, & elle le meritoit : j'épousai son frere quelques années avant sa profession ; & comme j'allois souvent dans son Cloître, j'y vis la jeune Princesse d'Angleterre, dont l'esprit & le merite me charmerent. Cette connoissance me donna depuis l'honneur de sa familiarité, en sorte que quand elle fut mariée, j'eus toutes les entrées particuliéres chez elle, & quoi que je fusse plus âgée de dix ans qu'elle, elle me témoigna jusqu'à la mort beaucoup de bonté, & eut beaucoup d'égards pour moi.

Je n'avois aucune part à sa confidence sur de certaines affaires ; mais quand elles étoient passées, & presque rendues publiques, elle prenoit plaisir à me les raconter.

L'année 1664. le Comte de Guiche * fut exilé. Un jour qu'elle me faisoit le recit de quelques circonstances assez extraordinaires de sa pas-

* 3

sion

* *Fils aîné du Maréchal de Grammont.*

sion pour elle, ne trouvez vous pas, me dit-elle, que si tout ce qui m'est arrivé, & les choses qui y ont relation, étoit écrit, cela composeroit une jolie Histoire ? vous écrivez bien, ajouta-t elle, écrivez, je vous fourniray de bons mémoires.

J'entrai avec plaisir dans cette pensée, & nous fimes ce plan de nôtre Histoire telle qu'on la trouvera ici.

Pendant quelque tems lorsque je la trouvois seule, elle me contoit des choses particuliéres que j'ignorois, mais cette fantaisie lui passa bientôt, & ce que j'avois commencé demeura quatre ou cinq années sans qu'elle s'en souvint.

En 1669. le Roi alla à Chambord; Elle étoit à St. Clou, où elle faisoit ses couches de la Duchesse de Savoye aujourd'hui regnante ; j'étois auprès d'elle, il y avoit peu de monde; elle se souvint du projet de cette Histoire, & me dit, qu'il faloit la reprendre. Elle me conta la suite des choses qu'elle avoit commencé à me dire, je me remis à les écrire, je lui montrois

trois le matin ce que j'avois fait fur ce qu'elle m'avoit dit le foir ; Elle en étoit très-contente , c'étoit un ouvrage affez difficile que de tourner la vérité en de certains endroits d'une maniére qui la fit connoître , & qui ne fut pas néantmoins offenfante ni defagreable à la Princeffe. Elle badinoit avec moi fur les endroits qui me donnoient le plus de peine , & elle prit tant de goût à ce que j'écrivois , que pendant un voyage de deux jours , que je fis à Paris , elle écrivit elle-même ce que j'ai marqué pour être de fa main , & que j'ai encore.

Le Roi revint : elle quitta St. Clou, & nôtre ouvrage fut abandonné. L'année fuivante elle fut en Angleterre , & peu de jours après fon retour , cette Princeffe étant à St. Clou perdit la vie d'une maniére qui fera toûjours l'étonnement de ceux qui liront cette Hiftoire. J'avois l'honneur d'être auprés d'elle , lors que cet accident funefte arriva ; je fentis tout ce que l'on peut fentir de plus douloureux , en voyant expirer la

plus

plus aimable Princesse qui fut jamais , & qui m'avoit honorée de ses
bonnes graces ; cette perte est de celles dont on ne se console jamais , &
qui laissent une amertume répandue
dans tout le reste de la vie.

La mort de cette Princesse ne me
laissa ni le dessein ni le goût de continuer cette Histoire , & j'écrivis
seulement les circonstances de sa
mort dont je fus témoin.

HISTOIRE
DE MADAME
HENRIETTE
D'ANGLETERRE
Premiere Femme de
PHILIPPE DE FRANCE
DUC D'ORLEANS.
PREMIERE PARTIE.

L A Paix étoit faite entre la France & l'Espagne, le mariage du Roi étoit achevé après beaucoup de difficulté, & le Cardinal Mazarin tout glorieux d'avoir donné la Paix à la France, sembloit n'avoir plus qu'à joüir de cette grande for-

 tune

tune où son bonheur l'avoit élevé.
Jamais Ministre n'avoit gouverné
avec une puissance si absoluë & jamais Ministre ne s'étoit si bien servi
de sa puissance pour l'établissement
de sa grandeur.

La Reine Mere, (*a*) pendant sa
Régence, lui avoit laissé toute l'autorité Royale , comme un fardeau
trop pesant pour un naturel aussi
paresseux que le sien. Le Roi (*b*)
à sa majorité lui avoit trouvé cette
autorité entre les mains , & n'avoit
eu ni la force , ni peut être même
l'envie de la lui ôter : on lui re-
presentoit les troubles que la mauvaise conduite de ce Cardinal a-
voit excitez comme un effet de la
haine des Princes pour un Ministre , qui avoit voulu donner des
bornes

(a) *Anne d'Autriche.*
(b) *Loüis XIV.*

bornes à leur ambition ; on lui faifoit confiderer le Miniftre comme
un homme qui feul avoit tenu le
Timon de l'Etat pendant l'orage
qui l'avoit agité, & dont la bonne
conduite en avoit peut-être empêché
la perte.

Cette confidération jointe à une
foûmiffion fuçée avec le lait, rendit
le Cardinal plus abfolu fur l'efpri^t
du Roi qu'il ne l'avoit été fur celui de la Reine. L'Etoile qui lui
donnoit une autorité fi entiere s'é-
tendit même jufqu'à l'amour. Le
Roi n'avoit pû porter fon cœu^r
hors la famille de cet heureux Miniftre, il l'avoit donné dès fa plus
tendre jeuneffe à la troifiéme de fes
Niéces Mademoifelle (*a*) de Manciny, & s'il le retira quand il fut
B 2   dans

(a) *Depuis Madame de Soif-*
fons.

dans un âge plus avancé, ce ne fut
que pour le donner entiérement à
une quatriéme niéce, qui portoit le
même nom de (*a*) Manciny, à laquelle il se soumit si absolument
que l'on peut dire qu'elle fut la
Maîtresse d'un Prince que nous a-
vons vû depuis Maître de sa Maîtresse & de son amour.

Cette même Etoile du Cardinal
produisoit seule un effet si extraordinaire ; elle avoit étoufé dans la
France tous les restes de cabale
& de dissention. La paix générale
avoit fini toutes les guerres étran-
géres ; le Cardinal avoit satisfait
en partie aux obligations qu'il a-
voit à la Reine par le mariage du
Roi qu'elle avoit si ardemment
souhaité & qu'il avoit fait, bien
qu'il le crut contraire à ses intérêts.

Ce

(*a*) *Depuis Madame Dolonne.*

Ce mariage lui étoit même favorable & l'esprit doux & paisible de la Reine ne lui pouvoit laisser lieu de craindre qu'elle entreprît de lui ôter le gouvernement de l'Etat ; enfin on ne pouvoit ajouter à son bonheur que la durée ; mais ce fut ce qui lui manqua.

La mort interrompit une félicité si parfaite & peu de temps après que l'on fut de retour du voyage, où la paix & le mariage s'étoient achevés, il mourut au bois de Vincennes , avec une fermeté beaucoup plus Philosophe que Chrétienne.

Il laissa par sa mort un amas infini de Richesses ; il choisit le fils du Maréchal de la Milleraye (*a*) pour l'héritier de son nom & de ses Tresors ; il lui fit épouser

B 3   Hor-

(a) *Depuis Duc de Mazarin.*

Hortence (*a*) la plus belle de ses niéces & disposa en sa faveur de tous les établissemens qui dépendoient du Roi, de la même maniére qu'il disposoit de son propre bien.

Le Roi en agréa néanmoins la disposition, aussi bien que celle qu'il fit en mourant de toutes les charges & de tous les bénéfices qui étoient pour lors à donner. Enfin après sa mort son ombre étoit encore la Maitresse de toutes choses, & il paroissoit que le Roi ne pensoit à se conduire que par les sentimens qu'il lui avoit inspirés.

Cette mort donnoit de grandes esperances à ceux qui pouvoient prétendre au Ministére ; ils croioient avec apparence qu'un Roi qui venoit de se laisser gouverner entiérement & pour les choses qui re-

gar-

(a) *Depuis Madame de Mazarin.*

gardoient son Etat que pour celles qui regardoient sa personne, s'abandonneroit à la conduite d'un Ministre qui ne voudroit se mêler que des affaires publiques & qui ne prendroit point connoissance de ses actions particuliéres.

Il ne pouvoit tomber dans leur imagination qu'un homme pût être si dissemblable de lui-même, & qu'ayant toûjours laissé l'autorité du Roi entre les mains de son premier Ministre il voulût reprendre à la fois & l'autorité du Roi & les fonctions de premier Ministre.

Ainsi beaucoup de gens esperoient quelque part aux affaires ; & beaucoup de Dames par des raisons à peu prés semblables esperoient beaucoup de part aux bonnes graces du Roi. Elles avoient vu qu'il avoit passionément aimé Mademoiselle

 Man-

Manciny & qu'elle avoit paru avoir
fur lui le plus abfolu pouvoir qu'une
Maîtreffe ait jamais eu fur le cœur
d'un Amant ; elles efperoient qu'aiant
plus de charmes elles auroient pour
le moins autant de crédit , & il y en
avoit déja beaucoup qui prenoient
pour modéle de leur fortune celui de
la Ducheffe de Beaufort ; (*a*).

Mais pour faire mieux comprendre
l'Etat de la Cour après la mort du
Cardinal Mazarin & la fuite des chofes dont nous avons à parler , il faut
dépeindre en peu de mots les perfonnes de la Maifon Roiale , les Miniftres qui pouvoient prétendre au Gouvernement de l'Etat & les Dames qui
pouvoient afpirer aux bonnes graces
du Roi.

POR-

(a) *Gabrielle d'Eftrées Maîtreffe
de Henry IV.*

PORTRAIT DE LA REINE MERE, ANNE D'AUTRICHE.

La Reine Mere par son rang tenoit la premiere place dans la maison Royale & selon les apparences elle devoit la tenir par son crédit : mais le même naturel qui lui avoit rendu l'autorité Royale un pesant fardeau , pendant qu'elle étoit toute entiére entre ses mains , l'empêchoit de songer à en reprendre une partie lors qu'elle n'y étoit plus. Son esprit avoit paru inquiet & porté aux affaires pendant la vie du Roi son mari , mais dès qu'elle avoit été Maitresse & d'elle même & du Royaume , elle n'avoit pensé qu'à mener une vie douce , à s'occuper à ses exercices de dévotion & avoit témoigné une as-
ses

fez grande indifference pour toutes chofes. Elle étoit fenfible néanmoins à l'amitié de fes enfans ; elle
les avoit élevez auprès d'elle avec
une tendreffe qui lui donnoit quelque jaloufie des perfonnes avec lefquelles ils cherchoient leur plaifir :
ainfi elle étoit contente pourvû
qu'ils euffent de l'attention à la voir,
& elle étoit incapable de fe donner
la peine de prendre fur eux une véritable autorité.

PORTRAIT DE MADAME
THERESE D'AUTRICHE.

La jeune Reine étoit une perfonne de vingt-deux ans, bien-
faite de fa perfonne & qu'on pouvoit appeller belle, quoi-qu'elle ne
fût pas agréable. Le peu de féjour
qu'elle avoit fait en France, & les
im-

impreſſions qu'on en avoit donnèes
avant qu'elle y arrivât, étoient cauſe qu'on ne la connoiſſoit quaſi pas,
ou que du moins on croyoit ne la
pas connoître, en la trouvant d'un
eſprit fort éloigné de ces deſſeins am-
bitieux dont on avoit tant parlé ; on
la voyoit toute occupée d'une violente paſſion pour le Roi, attachée
dans tout le reſte de ſes actions à la
Reine ſa belle Mere ſans diſtinction
de perſonnes, ni de divertiſſemens
& ſujéte à beaucoup de chagrins à
cauſe de l'extrême jalouſie qu'elle
avoit du Roi.

PORTRAIT DE PHILIPPE DE FRANCE DUC D'ORLEANS.

Monſieur Frere unique du Roi
n'étoit pas moins attaché à la Reine ſa Mere ; ſes inclinations é-
toient

toient auſſi conformes aux occupa-
tions des femmes que celles du Roi
en étoient éloignées, il étoit beau &
bien fait, mais d'une beauté & d'une
taille plus convenable à une Princeſſe
qu'à un Prince, auſſi avoit-il plus fon-
gé à faire admirer ſa beauté de tout le
monde qu'à s'en ſervir pour ſe faire
aimer des femmes, quoi qu'il fût con-
tinuellement avec elles ; ſon amour
propre ſembloit ne le rendre capable
que d'attachement pour lui même.

PORTRAIT DE MADAME DE THIANGES.

Madame de Thianges (*a*) fille aînée du Duc de Mortemar avoit paru
lui plaire plus que les autres, mais
leur commerce étoit plûtôt une
con-

(a) *Mademoiſelle de la Roche-
choüart Sœur Aînée de Madame de
Monteſpan.*

confidence libertine qu'une véritable galanterie ; l'esprit du Prince é-
toit naturellement doux , bienfai-
fant & civil , capable d'être preve-
nu , & si susceptible d'impressions
que les personnes qui l'approchoient
pouvoient quasi répondre de s'en
rendre Maîtres , en le prenant par
son foible. La jalousie dominoit
en lui , mais cette jalousie le faisoit plus souffrir que personne ,
ja douceur de son humeur le ren-
dant incapable des actions violentes que la grandeur de son rang
auroit pu lui permettre.

Il est aisé de juger parce que
nous venons de dire qu'il n'a-
voit nulle part aux affaires , puisque sa jeunesse , ses inclinations
& la domination absoluë du Cardinal étoient autant d'obstacles qui
l'en éloignoient.

POR-

PORTRAIT DE LOUIS XIV.

ENCORE JEUNE.

Il femble qu'en voulant décrire la Maifon Royale je devois commencer par celui qui en eft le Chef, mais on ne fçauroit le dépeindre que par fes actions, & celles que nous avons vûës jufqu'au temps dont nous venons de parler, étoient fi éloignées de celles que nous avons vûës depuis, qu'elles ne pouroient guére fervir à le faire connoître. On en pourra juger par ce que nous avons à dire ; on le trouvera fans doute un des plus grands Rois qui ayent jamais été, un des plus honnêtes hommes de fon Royaume , & l'on pourroit dire le plus parfait s'il n'étoit

point

point si avare de l'esprit que le
ciel lui a donné & qu'il voulût
le laisser paroître tout entier sans
le renfermer si fort dans la Majesté de son Rang.

Voilà quelles étoient les personnes qui composoient la Maison Royale ; pour le Ministére il
étoit douteux entre Monsieur Fouquet Sur-Intendant des Finances ,
Monsieur le Tellier Secretaire d'E-
tat & Monsieur Colbert. (*a*) Ce
troisiéme avoit eu dans les der-
niers temps toute la confiance du
Cardinal Mazarin ; on sçavoit que
le Roi n'agissoit encore que selon les sentimens & les mémoires
de ce Ministre , mais l'on ne sçavoit pas précisément quels étoient
les sentimens & les mémoires
qu'il

(*a*) *Depuis Contrôleur Général*
des Finances.

qu'il avoit donnez à Sa Majesté ;
on ne doutoit pas qu'il n'eût rui-
né la Reine Mere dans l'esprit du
Roi aussi - bien que beaucoup d'autres personnes , mais on ignoroit
celles qu'il y avoit établies.

PORTRAIT DE MONSIEUR FOUQUET.

Monsieur Fouquet peu de tems
avant la mort du Cardinal avoit été
quasi perdu auprès de lui pour s'ê-
tre brouillé avec Monsieur Colbert.
Ce Sur-Intendant étoit un homme
d'une étenduë d'esprit & d'une ambition sans bornes , civil , obligeant
pour tous les gens de qualité & qui
se servoit des finances pour les ac-
quérir & pour les embarquer dans
ses intrigues , dont les desseins étoient
infinis pour les affaires , aussi bien que
pour la galanterie.

POR-

PORTRAIT DE MONSIEUR LE TELLIER.

Monsieur le Tellier paroissoit plus sage & plus moderé, attaché à ses seuls intérêts, & à des intérêts solides, sans être capable de s'ébloüir du faste & de l'éclat comme Monsieur Fouquet.

PORTRAIT DE MONSIEUR COLBERT.

Monsieur Colbert étoit peu connu par diverses raisons, & l'on sçavoit seulement qu'il avoit gagné la confiance du Cardinal par son habileté & son œconomie.

Le Roi n'apelloit au Conseil que ces trois personnes, & l'on attendoit à voir qui l'emporteroit sur les autres, sçachant bien qu'ils n'étoient pas unis, & que quand ils l'auroient

C   été

été, il étoit impossible qu'ils le de-
meurassent.

Il nous reste à parler des Dames
qui étoient alors le plus avant à la
Cour, & qui pouvoient aspirer aux
bonnes graces du Roi.

PORTRAIT DE LA COMTESSE DE SOISSONS.

La Comtesse de Soissons auroit
pû y prétendre, par la grande habitude qu'elle avoit conservée a-
vec lui, & pour avoir été sa premiere inclination. C'étoit une personne qu'on ne pouvoit pas appeller belle, & qui néanmoins étoit
capable de plaire. Son esprit n'a-
voit rien d'extraordinaire, ni de
fort poli, mais il étoit naturel &
agréable avec les personnes qu'elle connoissoit. La grande fortune de son Oncle l'autorisoit à
n'avoir pas besoin de se contraindre.

dre. Cette liberté qu'elle avoit pri-
fe, jointe à un efprit vif & à un naturel ardent, l'avoit renduë fi attachée à fes propres volontés, qu'elle
étoit incapable de s'affujetir qu'à ce
qui lui étoit agréable : elle avoit naturellement de l'ambition, & dans
le tems où le Roi l'avoit aimée,
le Trône ne lui avoit point paru
trop au-deffus d'elle, pour n'ofer
y afpirer. Son Oncle, qui l'aimoit
fort, n'avoit pas été éloigné du def-
fein de l'y faire monter ; mais tous
les faifeurs d'horofcope l'avoient
tellement affûré qu'elle ne pourroit y parvenir, qu'il en avoit perdu la penfée, & l'avoit mariée au
Comte de Soiffons. Elle avoit pourtant toûjours confervé quelque crédit auprès du Roi, & une certaine
liberté de lui parler plus hardi-
ment que les autres ; ce qui fai-

C 2   foit

soit soupçonner assez souvent que
dans de certains momens la galanterie trouvoit encore place dans leur
conversation.

Cependant il paroissoit impossible
que le Roi lui redonnât son cœur;
ce Prince étoit plus sensible en quelque maniere à l'attachement qu'on
avoit pour lui, qu'à l'agrément &
au mérite des personnes. Il avoit aimé la Comtesse de Soissons avant
qu'elle fût mariée, il avoit cessé de
l'aimer, par l'opinion qu'il avoit que
Villequier (*a*) ne lui étoit pas dé-
sagréable ; peut-être l'avoit - il crû
sans fondement , & il y a même
assez d'aparence qu'il se trompoit ,
puis qu'étant si peu capable de se
contraindre, si elle l'eût aimé , elle
l'eût bien-tôt fait paroître. Mais enfin puisqu'il l'avoit quittée sur le

simple

(*a*) *Depuis Duc d'Aumont.*

simple soupçon qu'un autre en étoit aimé, il n'avoit garde de retourner à elle, lors qu'il croioit avoir une certitude entiére qu'elle aimoit le Marquis de Vardes (*a*).

Mademoiselle Mancini étoit encore à la Cour quand son Oncle mourut. Pendant sa vie il avoit conclu son mariage avec le Connétable Colonne ; & l'on n'attendoit plus que celui qui devoit l'épouser au nom de ce Connétable, pour la faire partir de France. Il étoit difficile de démêler quels étoient ses sentimens pour le Roi, & quels sentimens le Roi avoit pour elle. Il l'avoit passionnément aimée, comme nous avons déja dit : & pour faire comprendre jusqu'où cette

C 3

pas-

(*a*) *Dubec Crepin Marquis de Vardes, Capitaine des cent Suisses.*

paſſion l'avoit mené , nous dirons en peu de mots ce qui s'étoit paſſé à la mort du Cardinal.

Cet attachement avoit commencé pendant le voyage de Calais , & la reconnoiſſance l'avoit fait naître plûtôt que la Beauté : Mademoiſelle de Mancini n'en avoit aucune ; il n'y avoit nul charme dans ſa perſonne & très-peu dans ſon Eſprit , quoiqu'elle en eût infiniment. Elle l'avoit hardi , réſolu , emporté , libertin & éloigné de toute ſorte de civilité & de politeſſe.

Pendant une dangereuſe maladie (*a*) que le Roi avoit euë à Calais , elle avoit témoigné une affliction ſi violente de ſon mal , & l'avoit ſi peu cachée , que , lors qu'il commença à ſe mieux porter , tout le monde lui parla de la douleur

de

(a) *La petite Verole.*

de Mademoiselle de Mancini, peut-
être dans la suite lui en parla-t'elle
elle-même. Enfin elle lui fit paroître
tant de passion, & rompit si entiérement toutes les contraintes, où la
Reine mere & le Cardinal la tenoient,
que l'on peut dire qu'elle contraignit
le Roi à l'aimer.

Le Cardinal ne s'opposa pas d'a-
bord à cette passion ; il crût qu'elle
ne pouvoit être que conforme à
ses intérêts, mais comme il vit dans
la suite que sa Niéce ne lui rendoit
aucun compte de ses conversations
avec le Roi , & qu'elle prenoit sur
son esprit tout le crédit qui lui
étoit possible , il commença à craindre qu'elle n'y en prit trop , & voulut apporter quelque diminution à
cet attachement. Il vit bien-tôt
qu'il s'en étoit avisé trop tard ;
le Roi étoit entiérement aban-

C 4

donné

donné à sa passion , & l'opposition qu'il fit paroître , ne servit qu'à aigrir contre lui l'Esprit de sa Niéce , & à la porter à lui rendre toute sorte de mauvais services.

Elle n'en rendit pas moins à la Reine dans l'Esprit du Roi , soit en lui décriant sa conduite pendant la Régence , ou en lui apprenant tout ce que la médisance avoit inventé contre elle ; enfin elle éloignoit si bien de l'Esprit du Roi tous ceux qui pouvoient lui nuire & s'en rendit Maîtresse si absoluë , que pendant le tems que l'on commençoit à traiter la paix & le mariage , il demanda au Cardinal la permission de l'épouser , & témoigna ensuite , par toutes ses actions , qu'il le souhaitoit.

L*

Le Cardinal qui sçavoit que la Reine ne pouroit entendre sans horreur la proposition de ce mariage, & que l'execution en eût été trés-hazardeuse pour lui, se voulut faire un mérite envers la Reine & envers l'Etat, d'une chose qu'il croioit contraire à ses propres intérêts.

Il déclara au Roi qu'il ne consentiroit jamais à lui laisser faire une alliance si disproportionnée, & que s'il l'a faisoit de son autorité absoluë, il lui demanderoit à l'heure-même la permission de se retirer hors de France.

La résistance du Cardinal étonna le Roi, & lui fit peut-être faire des reflexions qui ralentirent la violence de son amour : l'on continua de traiter la paix & le mariage, & le Cardinal, avant que de partir

pour

pour aller régler les articles de l'un
& de l'autre, ne voulut pas laisser
sa Niéce à la Cour : il résolut de
l'envoyer à Brouage ; le Roi en
fut aussi affligé que le peut être un
Amant à qui l'on ôte sa Maîtresse,
mais Mademoiselle Mancini, qui ne
se contentoit pas des mouvemens
de son cœur, & qui auroit voulu
qu'il eût témoigné son amour par
des actions d'autorité, lui reprocha,
en lui voyant répandre des larmes
lorsqu'elle monta en carosse, qu'il
pleuroit & qu'il étoit le Maître :
ces reproches ne l'obligerent pas à
le vouloir être ; il la laissa partir quelque affligé qu'il fût, lui promettant
néanmoins qu'il ne consentiroit jamais au mariage d'Espagne, & qu'il
n'abandonneroit pas le dessein de
l'épouser.

Toute la Cour partit quelque-
tems.

tems aprés pour aller à Bourdeaux, afin d'être plus prés du lieu où l'on traitoit la Paix.

Le Roi vit Mademoiselle Mancini à Saint Jean d'Angeli, il en parut plus amoureux que jamais dans le peu de momens qu'il eut à être avec elle, & lui promit toûjours la même fidélité. Le tems, l'absence & la raison, le firent enfin manquer à sa promesse : & quand le Traité fut achevé, il l'alla signer à l'Isle de la Conférence, & prendre l'Infante d'Espagne des mains du Roi son Pere, pour la faire Reine de France dés le lendemain.

La Cour revint ensuite à Paris. Le Cardinal, qui ne craignoit plus rien, y fit aussi revenir ses Niéces.

Mademoiselle Mancini étoit outrée de rage & de desespoir : elle trouvoit qu'elle avoit perdu en mê-

me

me tems un Amant fort aimable ,
& la plus belle Couronne de l'U-
nivers ; un Efprit plus modéré
que le fien auroit eu de la peine
à ne pas s'emporter dans une fem-
blable occafion ; auffi s'étoit - elle
abandonnée à la rage & à la colére.

Le Roi n'avoit plus la même
paffion pour elle ; la poffeffion d'u-
ne Princeffe belle & jeune , comme la Reine fa femme , l'occupoit
agréablement : néanmoins comme
l'attachement d'une femme eft rarement un obftacle à l'amour qu'on
a pour une Maîtreffe , le Roi feroit
peut - être revenu à Mademoifelle
Mancini , s'il n'eût connu qu'entre
tous les partis , qui fe prefentoient
alors pour l'époufer , elle fouhaitoit
ardemment le Duc Charles , Neveu du Duc de Lorraine , & s'il

n'a

n'avoit été perſuadé que ce Prince avoit ſçu toucher ſon cœur.

Le Mariage ne s'en put faire par pluſieurs raiſons , le Cardinal conclut celui du Connétable Colonne ; & mourut , comme nous avons dit avant qu'il fût achevé.

Mademoiſelle Mancini avoit une ſi horrible répugnance pour ce mariage , que voulant l'éviter , ſi elle eût vu quelque apparence de regagner le cœur du Roi , malgré tout ſon dépit , elle y auroit travaillé de toute ſa puiſſance.

Le Public ignoroit le ſecret dépit qu'avoit eû le Roi du penchant qu'elle avoit témoigné pour le mariage du neveu du Duc de Lorraine , & comme on le voyoit ſouvent aller au Palais Mazarin , où elle logeoit avec Madame Mazarin ſa Sœur , on ne ſçavoit ſi le Roi

y

y étoit conduit par les restes de son ancienne flâme, ou par les étincelles d'une nouvelle, que les yeux de Madame Mazarin étoient bien capables d'allumer.

PORTRAIT DE MADAME MAZARIN.

C'étoit, comme nous avons dit, non seulement la plus belle des Niéces du Cardinal, mais aussi une des plus parfaites Beautés de la Cour. Il ne lui manquoit que de l'Esprit pour être accomplie, & pour lui donner la vivacité qu'elle n'avoit pas ; ce deffaut même n'en étoit pas un pour tout le monde, & beaucoup de gens trouvoient son air languissant & sa négligence capables de se faire aimer.

Ainsi les opinions se portoient

aisé-

aisément à croire que le Roi lui
en vouloit, & que l'ascendant du
Cardinal garderoit encore son cœur
dans sa famille. Il est vrai que cette opinion n'étoit pas sans fondement ; l'habitude que le Roi avoit
prise avec les Nièces du Cardinal,
qui donnoit plus de disposition à
leur parler, qu'à toutes les autres
femmes ; & la beauté de Madame
Mazarin, jointe à l'avantage que
donne un Mari qui n'est guére aimable, à un Roi qui l'est beaucoup,
l'eût aisément porté à l'aimer, si
Monsieur de Mazarin n'avoit eu ce
même soin, que nous lui avons vu
depuis, d'éloigner sa femme des lieux
où étoit le Roi.

Il y avoit encore à la Cour un
grand nombre de belles Dames, sur
qui le Roi auroit pu jetter les yeux.

POR-

PORTRAIT DE MADAME
D'ARMAGNAC.

Madame d'Armagnac fille du Maréchal de Villeroi étoit d'une beauté à attirer ceux de tout le monde. Pendant qu'elle étoit fille elle avoit donné beaucoup d'esperance à tous ceux qui l'avoient aimée, qu'elle souffriroit aisément de l'être lorsque le mariage l'auroit mise dans une condition plus libre. Cependant, si-tôt qu'elle eut épousé Monsieur d'Armagnac, soit qu'elle eût de la passion pour lui, ou que l'âge l'eût rendue plus circonspecte, elle s'étoit entiérement retirée dans sa famille.

La seconde fille du Duc de Mortemar (*a*) qu'on appelloit Mademoiselle de Tonnay-Charente, étoit encore

(a) *Madame de Montespan.*

encore une beauté très-achevée, quoiqu'elle ne fût pas parfaitement agréable. Elle avoit beaucoup d'Esprit, & une sorte d'Esprit plaisant & naturel, comme tous ceux de sa maison.

Le reste des belles personnes qui étoient à la Cour, ont trop peu de part à ce que nous avons à dire, pour m'obliger d'en parler ; & nous ferons seulement mention de celles qui s'y trouveront mêlées, selon que la suite nous y engagera.

Fin de la première Partie.

SECONDE PARTIE.

LA Cour étoit revenuë à Paris aussi-tôt après la mort du Cardinal. Le Roi s'appliquoit à prendre une connoissance exacte des affaires : il donnoit à cette occupation la plus grande partie de son tems, & partageoit le reste avec la Reine sa femme.

Celui qui devoit épouser Mademoiselle Mancini, au nom du Connétable Colonne arriva à Paris , & elle eut la douleur de se voir chassée de France par le Roi ; ce fut à la vérité avec tous les honneurs imaginables. Le Roi la traita dans son mariage , & dans tout le reste, comme si son Oncle eût encore vécu ; mais enfin on la maria, & on la fit partir avec assez de précipitation.

Elle

Elle soutint sa douleur avec beaucoup de constance , & même avec
assés de fierté ; mais au premier
lieu où elle coucha en sortant de
Paris , elle se trouva si pressée de
sa douleur, & si accablée de l'extrême violence qu'elle s'étoit faite ,
qu'elle pensa y demeurer : enfin
elle continua son chemin , & s'en
alla en Italie, avec la consolation de
n'être plus sujette d'un Roi , dont
elle avoit cru devoir être la femme.

La premiére chose considérable
qui se fit après la mort du Cardinal , ce fut le mariage de Monsieur
avec la Princesse d'Angleterre. Il
avoit été résolu par le Cardinal , &
quoique cette alliance semblât contraire à toutes les régles de la po-
litique , il avoit cru qu'on devoit
être si assûré de la douceur du naturel de Monsieur , & de son atta-
 che-

chement pour le Roi , qu'on ne devoit point craindre de lui donner un Roi d'Angleterre , pour Beaufrere.

L'Histoire de nôtre siécle est si remplie des grandes Revolutions de ce Royaume , & le malheur qui fit perdre la vie au meilleur (*a*) Roi du monde sur un Echafaut par les mains de ses sujets , & qui contraignit la Reine sa femme à venir chercher un azile dans le Royaume de ses Peres , est un exemple de l'inconstance de la Fortune , qui est sçu de toute la terre.

PORTRAIT DE MADAME.

Le changement funeste de cette Maison Royale fut favorable en quelque chose à la Princesse d'Angleterre.

(*a*) *Charles I. qui eut la tête trenchée à Londres le 9. Février 1649.*

re. Elle étoit encore entre les bras de
fa Nourice, & fut la feule de tous
les enfans de la Reine fa Mere, (*a*) qui
fe trouva auprés d'elle pendant fa dif-
grace. Cette Reine s'appliquoit toute
entiére au foin de fon éducation, & le
malheur de fes affaires la faifant plûtôt vivre en perfonne privée qu'en
Souveraine, cette jeune Princeffe prit
toutes les lumiéres, toute la civilité,
& toute l'humanité des conditions
ordinaires, & conferva dans fon cœur
& dans fa perfonne, toutes les gran-
deurs de fa naiffance Royale.

Auffi-tôt que cette Princeffe
commença à fortir de l'enfance, on
lui trouva un agrément extraordinaire. La Reine Mere témoigna
beaucoup d'inclination pour elle ;
& comme il n'y avoit alors nulle
appa-

(a) *Henriette de France, fille de*
Henri IV.

apparence que le Roi pût épouser l'Infante sa niéce , elle parut
souhaiter qu'il épousât cette Princesse. Le Roi au contraire témoigna de l'aversion pour ce mariage ,
& même pour sa personne : il la trouvoit trop jeune pour lui , & il a-
voüoit enfin qu'elle ne lui plaisoit
pas , quoiqu'il n'en pût dire la
raison ; aussi eût - il été difficile
d'en trouver ; C'étoit principa-
lement ce que la Princesse
d'Angleterre possedoit au souve-
rain degré que le don de plaire &
ce qu'on appelle graces , & les
charmes étoient répandus en toute
sa personne , dans ses actions, & dans
son esprit ; & jamais Princesse n'a
été si également capable de se faire
aimer des hommes , & adorer des
femmes.

En croissant , sa beauté augmenta
aussi

aussi ; ensorte que, quand le mariage du Roi fut achevé, celui de Monsieur & d'Elle fut résolu. Il n'y avoit rien à la Cour qu'on pût lui comparer.

En ce même tems le Roi (*a*) son frere fut rétabli sur le Trône, par une Révolution presque aussi prompte, que celle qui l'en avoit chassé. Sa Mere voulut aller jouïr du plaisir de le voir paisible possesseur de son Royaume, & avant que d'achever le mariage de la Princesse sa fille, elle la mena avec elle en Angleterre. Ce fut dans ce voyage que la Princesse commença à reconnoître la puissance de ses charmes ; le Duc de Bouckingam *(b)*, fils de celui qui fut décapité, jeune & bienfait, étoit alors

(a) *Qui fut rétabli en 1660. Charles II.*

(b) *Il ne fut pas décapité, mais il fut assassiné par Felton.*

alors fortement attaché à la Princeſſe
Royale (*a*) ſa ſœur , qui é-
toit à Londres.   Quelque grand
que fût cet attachement , il ne
put tenir contre la Princeſſe
d'Angleterre , & ce Duc devint
ſi paſſionnément amoureux d'elle ,
qu'on peut dire qu'il en perdit la
raiſon.

La Reine d'Angleterre étoit tous
les jours preſſée par des lettres de
Monſieur , de s'en retourner en France , pour achever ſon mariage , qu'il
témoignoit ſouhaiter avec impatience , ainſi elle fut obligée de partir
quoique la ſaiſon fût fort rude
& fort fâcheuſe.

Le Roi ſon fils l'accompagna juſ-
qu'à une journée de Londres. Le
Duc de Bouckingam la ſuivit com-

me

(a) *Depuis Femme de l'Electeur*
Palatin.

me tout le reste de la Cour ; mais au lieu de s'en retourner de même , il ne pût se résoudre à abandonner la Princesse d'Angleterre , & demanda au Roi permission de passer en France , desorte que sans équipage & sans toutes les choses nécessaires pour un pareil voyage , il s'embarqua à Portsmouth avec la Reine.

Le Vent fut favorable le premier jour , mais le lendemain il fut si contraire , que le Vaisseau de la Reine se trouva ensablé , & en grand danger de périr ; l'épouvante fut grande dans tout le Navire ; & le Duc de Bouckingam , qui craignoit pour plus d'une vie , parut dans un desespoir inconcevable.

Enfin , on tira le Vaisseau du

 péril

péril où il étoit, mais il falut re-
lâcher au port.

Madame la Princeſſe d'Angleterre fut attaquée d'une fiévre très-
violente. Elle eut pourtant le courage de vouloir ſe rembarquer dès
que le vent fut favorable ; mais ſi-
tôt qu'elle fut dans le Vaiſſeau, la
Rougeolle ſortit ; de ſorte qu'on
ne put abandonner la terre , &
qu'on ne put auſſi ſonger à dé-
barquer , de peur de hazarder ſa
vie par cette agitation.

Sa maladie fut très-dangereu-
ſe. Le Duc de Bouckingam parut
comme un fou & un deſeſperé, dans
les momens où il la crut en péril.
Enfin lors qu'elle ſe porta aſſez
bien pour ſouffrir la Mer , & pour
aborder au Havre , il eut des ja-
louſies ſi extravagantes des ſoins
que l'Amiral d'Angleterre prenoit

pour

pour cette Princesse, qu'il le querella
sans aucune sorte de raison ; & la
Reine craignant qu'il n'en arrivât du
desordre, ordonna au Duc de Bouckingam de s'en aller à Paris, pendant
qu'elle séjourneroit quelque-tems au
Havre, pour laisser reprendre des forces à la Princesse sa fille.

Lorsqu'elle fut entiérement réta-
blie, elle revint à Paris. Monsieur
alla au devant d'elle, avec tous les
empressemens imaginables, & continua jusqu'à son mariage à lui rendre
des devoirs, ausquels il ne manquoit
que de l'amour, mais le miracle d'en-
flâmer le cœur de ce Prince n'étoit
réservé à aucune femme du monde.

PORTRAIT DU COMTE DE GUICHES.

Le Comte de Guiches étoit en ce tems-là son favori. C'étoit le jeune homme de la Cour le plus beau & le mieux fait , aimable de sa personne , galant , hardi , brave , rempli de grandeur & d'élevation : la vanité que tant de bonnes qualités lui donnoient , & un air méprisant répandu dans toutes ses actions , ternissoient un peu tout ce mérite ; mais il faut pourtant avouer qu'aucun homme de la Cour n'en avoit autant que lui , Monsieur l'avoit fort aimé dès l'enfance , & avoit toûjours conservé avec lui un grand commerce , & aussi étroit qu'il y en peut avoir entre de jeunes gens.

Le Comte étoit alors amoureux

de

de Madame de Chalais fille du Duc
de Marmoutiers , elle étoit très-
aimable , fans être fort belle ; il la
cherchoit par tout , il la fuivoit en
tous lieux : enfin c'étoit une paffion fi publique , & fi déclarée
qu'on doutoit qu'elle fût approu-
vée de celle qui la caufoit ; & l'on
s'imaginoit que s'il y avoit eu quelque intelligence entre eux , elle lui
auroit fait prendre des chemins
plus cachés. Cependant il eft certain que s'il n'en étoit pas tout à
fait aimé , il n'en étoit pas haï , &
qu'elle voyoit fon amour fans colére. Le Duc de Bouckingam fut
le premier qui fe douta qu'elle n'a-
voit pas affés de charmes , pour retenir un homme , qui feroit tous les
jours expofé à ceux de Madame la
Princeffe d'Angleterre. Un foir
qu'il étoit venu chés elle , Mada-

E ;　　　　me

me de Chalais y vint aussi. La
Princesse lui dit en Anglois, que c'é-
toit la Maîtresse du Comte de Guiches, & lui demanda s'il ne la trouvoit pas fort aimable ; non, lui ré-
pondit-il, je ne trouve pas qu'elle le
soit assez pour lui , qui me paroît ,
malgré que j'en aie , le plus honnête
homme de toute la Cour , & je souhaite , Madame , que tout le monde ne soit pas de mon avis. La Princesse ne fit pas réflexion à ce discours,
& le regarda comme un effet de la
passion de ce Duc , dont il lui donnoit tous les jours quelque preuve ,
& qu'il ne laissoit que trop voir à tout
le monde.

Monsieur s'en apperçût bien-tôt,
& ce fut en cette occasion que Madame la Princesse d'Angleterre découvrit pour la premiere fois cette
jalousie naturelle , dont il lui don-

na

na depuis tant de marques. Elle vit donc son chagrin ; & comme elle ne se soucioit pas du Duc de Bouckingam, qui, quoi-que fort aimable, a eu souvent le malheur de n'être pas aimé, elle en parla à la Reine sa Mere qui prit soin de remettre l'esprit de Monsieur, & de lui faire concevoir que la passion du Duc étoit regardée comme une chose ridicule.

Cela ne déplût point à Monsieur, mais il n'en fut pas entiérement satisfait ; il s'en ouvrit à la Reine (*a*) sa Mere qui eut de l'indulgence pour la passion du Duc, en faveur de celle que son Pere lui avoit autrefois témoignée. Elle ne voulut pas qu'on fit de bruit, mais elle fut d'avis qu'on lui fit entendre, lorsqu'il auroit fait en-

E 4   core

(*a*) *Anne d'Autriche.*

core quelque séjour en France, que son retour étoit nécessaire en Angleterre, ce qui fut exécuté dans la suite.

Enfin le mariage de Monsieur s'acheva, & fut fait en Carême sans cérémonie, dans la Chapelle du Palais. Toute la Cour rendit ses devoirs à Madame la Princesse d'Angleterre, que nous apellerions d'orénavant Madame.

Il n'y eut personne qui ne fût surpris de son agrément, de sa civilité, & de son esprit : comme la Reine Mere la tenoit fort près de sa personne, on ne la voyoit jamais que chez elle, où elle ne parloit quasi point. Ce fut une nouvelle découverte de lui trouver l'esprit aussi aimable que tout le reste ; on ne parloit que d'elle,

&

(a) *Mariage de Monsieur.*

& tout le monde s'empreſſoit à lui donner des loüanges.

Quelque-tems après ſon mariage elle vint loger chez Monſieur aux Tuilleries ; le Roi & la Reine allerent à Fontainebleau. Monſieur & Madame demeurerent encore quelque tems à Paris ; ce fut alors que toute la France ſe trouva chez elle ; tous les hommes ne penſoient qu'à lui faire leur Cour , & toutes les femmes qu'à lui plaire.

Madame de Valentinois (*a*) Sœur du Comte de Guiches , que Monſieur aimoit fort , à cauſe de ſon Frere & à cauſe d'elle - même , car il avoit pour elle toute l'inclination dont il étoit capable , fut une de celles qu'elle choiſit pour être dans ſes plaiſirs , Meſdemoi-
ſelles

(a) *Depuis Madame de Monaco.*

ſelles de Crequi & de Châtillon, (*a*) & Mademoiſelle de Tonnay Cha-rente (*b*) avoient l'honneur de la voir ſouvent , auſſi-bien que d'au-tres perſonnes , à qui elle avoit té-moigné de la bonté avant qu'elle fût mariée.

Mademoiſelle de la Trimouille & Madame de la Fayette étoient de ce nombre. La premiére lui plai-ſoit par ſa bonté , & par une cer-taine ingenuité à conter tout ce qu'elle avoit dans le cœur , qui reſſentoit la ſimplicité des premiers ſiécles : l'autre lui avoit été agréa-ble par ſon bonheur ; car bien qu'on lui trouvât du mérite , c'étoit une ſorte de mérite ſi ſérieux en appa-rence , qu'il ne ſembloit pas qu'il dût plaire à une Princeſſe auſſi jeune

(a) *Depuis Ducheſſe de Mekelbourg.*
(b) *Depuis Madame de Monteſpan.*

jeune que Madame. Cependant elle
lui avoit été agréable ; & elle avoit
été si touchée du mérite & de l'esprit
de Madame , qu'elle lui dût plaire
dans la suite, par l'attachement qu'elle eut pour elle.

Toutes ces personnes passoient les
aprés-dînées chez Madame. Elles
avoient l'honneur de la suivre au
Cours ; au retour de la promenade
on soupoit chez Monsieur ; aprés le
souper tous les hommes de la
Cour s'y rendoient , & on passoit
le soir parmi les plaisirs de la Comédie , du jeu & des violons. Enfin on s'y divertissoit avec tout l'a-
grément imaginable , & sans aucun
mélange de chagrin. Mademoiselle
de Chalais , y venoit assez souvent ,
le Comte de Guiche ne manquoit
pas de s'y rendre ; la familiarité qu'il
avoit chez Monsieur , lui donnoit
l'entrée chez ce Prince aux heures

les plus particuliéres. Il voyoit Madame à tous momens avec tous ses
charmes. Monsieur prenoit même le
soin de les lui faire admirer : enfin
il l'exposoit à un péril qu'il étoit
presque impossible d'éviter.

Aprés quelque séjour à Paris,
Monsieur & Madame s'en allérent
à Fontainebleau. Madame y porta
la joye & les plaisirs. Le Roi con-
nut en la voyant de plus prés, combien il avoit été injuste, en ne la
trouvant pas la plus belle personne
ne du monde. Il s'attacha fort à
elle, & lui témoigna une complaisance extrême. Elle disposoit de
toutes les parties de divertissement,
elles se faisoient toutes pour elle,
& il paroissoit que le Roi n'y a-
voit de plaisir que par celui qu'elle en recevoit. C'étoit dans le milieu de l'Eté, Madame s'alloit baigner

gner tous les jours, elle partoit en
caroffe à caufe de la chaleur, & revenoit à cheval, fuivie de toutes
les Dames habillées gallamment, a-
vec mille plumes fur leur tête,
accompagnées du Roi, & de la jeuneffe de la Cour ; après fouper on
montoit dans des Caleches , & au
bruit des violons on s'alloit prome-
ner une partie de la nuit autour
du Canal.

L'attachement que le Roi avoit
pour Madame , commença bientôt
à faire du bruit , & à être inter-
preté diverfement. La Reine Mere
en eut d'abord beaucoup de chagrin,
il lui parut que Madame , lui ôtoit
abfolument le Roi, & qu'il lui donnoit toutes les heures, qui avoient
accoutumé d'être pour elle. La
grande jeuneffe de Madame lui
perfuada qu'il feroit facile d'y re-
medier.

medier ; & que lui faisant parler par
l'Abbé de Montaigu , & par quelques personnes qui devoient avoir
quelque crédit sur son esprit , elle
l'obligeroit à se tenir plus attachée
à sa personne , & de n'attirer pas
le Roi , dans des divertissemens
qui en étoient éloignés.

Madame étoit lasse de l'ennui , &
de la contrainte qu'elle avoit essu-
yée auprès de la Reine sa Mere. Elle crut que la Reine sa Belle - Mere vouloit prendre sur elle une
pareille autorité ; elle fut occupée
de la joie d'avoir ramené le Roi
à elle, & de sçavoir par lui même
que la Reine Mere tâchoit de l'en
éloigner. Toutes ces choses la dé-
tournerent tellement des mesures
qu'on vouloit lui faire prendre ,
que même elle n'en garda plus
aucune. Elle se lia d'une maniére
étroite

étroite avec la Comtesse de Soif-
sons, qui étoit alors l'objet de la
jaloufie de la Reine, & de l'aversion de la Reine Mere, & ne pensa plus qu'à plaire au Roi comme Belle-Sœur; je croi qu'elle lui
plut d'une autre maniére; je croi
aussi qu'elle pensa qu'il ne lui plaisoit que comme un Beau-Frere,
quoi qu'il lui plût peut être d'avantage : mais enfin comme ils étoient
tous deux infiniment aimables, &
tous deux nez avec des difpofitions
galantes, qu'ils fe voyoient tous les
jours, au milieu des plaifirs & des
divertiffemens, il parut aux yeux
de tout le monde, qu'ils avoient
l'un pour l'autre cet agrément, qui
précede d'ordinaire les grandes paffions.

Cela fit bientôt beaucoup de
bruit à la Cour, la Reine Mere fut

ravie

ravie de trouver un prétexte si spe-
cieux de bienséance , & de dévotion , pour s'opposer à l'attachement
que le Roi avoit pour Madame ;
elle n'eut pas de peine à faire entrer Monsieur dans ses sentimens ;
il étoit jaloux par lui-même , & il
le devenoit encore d'avantage par
l'humeur de Madame , qu'il ne trouvoit pas aussi éloignée de la galanterie qu'il l'auroit souhaité.

L'aigreur s'augmentoit tous les
jours entre la Reine Mere & elle ;
le Roi donnoit toutes les esperances à Madame ; mais il se ménageoit
néanmoins avec la Reine Mere , ensorte que lorsqu'elle redisoit à Monsieur ce que le Roi lui avoit dit,
Monsieur trouvoit assés de ma-
tiére pour vouloir persuader à Madame , que le Roi n'avoit pas pour
elle autant de considération qu'il

lui

lui en témoignoit , tout cela faisoit un cercle de redittes & de dé-
mêlés , qui ne donnoit pas un moment de repos ni aux uns , ni
aux autres. Cependant le Roi &
Madame , sans s'expliquer entr'eux de ce qu'ils sentoient l'un
pour l'autre , continuerent de vivre
d'une maniere qui ne laissoit douter
à personne , qu'il n'y eût entr'eux
plus que de l'amitié.

Le bruit s'en augmenta fort , & la
Reine Mere & Monsieur en par-
lerent si fortement au Roi , & à
Madame , qu'ils commencerent à
ouvrir les yeux, & à faire peut-être
des réflexions , qu'ils n'avoient
point encore faites : enfin ils résolurent de faire cesser ce grand
bruit , & par quelque motif que ce
pût être , il convinrent entr'eux
que le Roi feroit l'amoureux de

quelque perſonne de la Cour. Ils
jetterent les yeux ſur celles qui pa-
roiſſoient les plus propres à ce deſſein , & choiſirent entr'autres Mademoiſelle de Pon (*a*) parente du Maréchal d'Albert , & qui pour être nou-
vellement venuë de Province , n'a-
voit pas toute 'lhabileté imaginable : ils jetterent auſſi les yeux ſur
Chimerault (*b*) une des filles de la
Reine , fort coquette , & ſur la Valiére , qui étoit une fille de Madame ,
fort jolie , fort douce , & fort naïve;
la fortune de cette fille étoit médiocre , ſa Mere s'étoit remariée à St.
Remi , premier Maître d'Hôtel de
Monſieur le Duc d'Orleans , ainſi
elle avoit preſque toûjours été à
Orleans ou à Blois. Elle ſe trou-

voit

(*a*) *Depuis Madame d'Hudicour.*
(*b*) *Depuis Madame de la Baſ-*
niere.

voit très-heureuse d'être auprès de
Madame ; tout le monde la trouvoit jolie , plusieurs jeunes gens
avoient pensé à s'en faire aimer ; le
Comte de Guiches s'y étoit attaché
plus que les autres , il y paroissoit
encore tout occupé , lorsque le Roi
la choisit pour une de celles dont
il vouloit éblouïr le Public. De
concert avec Madame , il commença non seullement à faire l'amoureux d'une des trois qu'ils avoient
choisies , mais de toutes les trois
ensemble ; il ne fut pas long-tems
sans prendre parti , son Cœur se
détermina en faveur de la Valiére ;
& quoiqu'il ne laissât pas de dire
des douceurs aux autres , & d'avoir
même un commerce , assés reglé a-
vec Chimerault , la Valiére eut tous
ses soins & toutes ses assiduités.

Le Comte de Guiches qui n'é-

toit pas aſſez amoureux pour s'opi-
niâtrer contre un rival ſi redoutable,
l'abandonna , & ſe broüilla avec elle , en lui diſant des choſes aſſez des-
gréables.

Madame vit avec quelque chagrin que le Roi s'attachoit véritablement à la Valiére ; ce n'eſt peut-
être pas qu'elle en eût , ce qu'on pouroit appeller de la jalouſie , mais elle eût été bien-aiſe qu'il n'eût pas
eu de véritable paſſion , & qu'il eût
conſervé pour elle une ſorte d'attachement , qui ſans avoir la violence de l'amour , en eût eu la complai-
ſance & l'agrément.

Long-tems avant qu'elle fût mariée , on avoit prédit que le Comte
de Guiches ſeroit amoureux d'elle , & ſitôt qu'il eut quitté la Valiére on commença à dire qu'il
aimoit Madame , & peut-être même

me qu'on le dît avant qu'il en eût
la penſée , mais ce bruit ne fut pas
deſagréable à ſa vanité. Et comme
ſon inclination s'y trouva peut-être
diſpoſée , il ne prit pas de grands ſoins
pour s'empêcher de devenir amoureux , ni pour empêcher qu'on ne
le ſoupçonnât de l'être. L'on ré-
pétoit alors à Fontainebleau un
Ballet , que le Roi & Madame
dancerent , & qui fut le plus a-
gréable qui ait jamais été , ſoit par
le lieu où il ſe dançoit , qui étoit le
bord de l'étang , ou par l'invention
qu'on avoit trouvée , de faire venir
du bout d'une Allée le Theâtre
tout entier , chargé d'une infinité
de perſonnes , qui s'approchoient
inſenſiblement , & qui faiſoient une
Entrée , en danſant devant le Theâtre.

Pendant la répétition de ce Ballet,

let , le Comte de Guiches étoit très-
souvent avec Madame , parce qu'il
dançoit dans la même Entrée ; il
n'osoit encore lui rien dire de ses sentimens , mais par une certaine familiarité qu'il avoit aquise auprès
d'elle , il prenoit la liberté de lui demander des nouvelles de son Cœur,
& si rien ne l'avoit jamais touchée ,
elle lui répondoit avec beaucoup de
bonté , & d'agrément , & il s'éman-
cipoit quelque-fois à crier , en s'en-
fuïant d'auprès d'elle , qu'il étoit en
grand péril.

Madame recevoit tout cela comme des choses galantes , sans y faire une plus grande attention : le
Public y vit plus clair qu'elle-même. Le Comte de Guiches laissoit voir , comme on a déja dit , ce
qu'il avoit dans le Cœur , ensorte
que le bruit s'en répandit aussi-tôt.

La

La grande amitié que Madame avoit pour la Duchesse de Valentinois, contribua beaucoup à faire croire qu'il y avoit de l'intelligence entr'eux, & l'on regardoit Monsieur, qui paroissoit amoureux de Madame de Valentinois, comme la duppe du Frere & de la Sœur. Il est vrai néanmoins qu'elle se mêlâ trés-peu de cette galanterie ; & quoique son Frere ne lui cachât point sa passion pour Madame, elle ne commença pas les liaisons qui ont paru depuis.

Cependant l'attachement du Roi pour la Valiére, augmentoit toûjovrs ; il faisoit beaucoup de progrès auprès d'elle, ils gardoient beaucoup de mesures; il ne la voyoit pas chez Madame, & dans les promenades du jour; mais à la promenade du soir, il sortoit de la Caleche

che de Madame, & s'alloit mettre près de celle de la Valiére, dont la portiére étoit abbatuë; & comme c'étoit dans l'obscurité de la nuit, il lui parloit avec beaucoup de commodité.

La Reine Mere & Madame n'en furent pas moins mal ensemble. Lorsqu'on vit que le Roi n'en étoit point amoureux puis qu'il l'étoit de la Valiére & que Madame, ne s'opposoit pas aux soins que le Roi rendoit à cette fille, la Reine Mere en fut aigrie. Elle tourna l'esprit de Monsieur, qui s'en aigrit & qui prit au point d'honneur que le Roi, fût amoureux d'une fille de Madame. Madame de son côté manquoit en beaucoup de choses aux égards qu'elle devoit à la Reine Mere, & même à ceux qu'elle devoit à Monsieur,

ſieur, enſorte que l'aigreur étoit grande de toutes parts.

Dans ce même tems le bruit fut grand de la paſſion du Comte de Guiches, Monſieur en fut bien-tôt inſtruit, & lui fit très mauvaiſe mine. Le Comte de Guiches, ſoit par ſon naturel fier, ſoit par chagrin, de voir Monſieur inſtruit d'une choſe, qui lui étoit commode qu'il ignorât, eut avec Monſieur un éclairciſſement fort audacieux, & rompit avec lui, comme s'il eût été ſon égal ; cela éclata publiquement, & le Comte de Guiches ſe retira de la Cour.

Le jour que ce bruit arriva Madame gardoit la chambre, & ne voyoit perſonne ; elle ordonna qu'on laiſſât ſeulement entrer ceux qui répétoient avec elle, dont le Comte de Guiches étoit du nombre, ne

ſça-

fçachant point ce qui venoit de fe
paffer. Comme le Roi vint chés
elle , elle lui dit les ordres qu'elle
avoit donnés ; Le Roi lui répondit
en fouriant , qu'elle ne connoiffoit
pas mal, ceux qui devoient être e-
xemtés , & lui conta enfuite ce qui
venoit de fe paffer , entre Monfieur
& le Comte de Guiches ; la chofe
fut fçûë de tout le monde , & le
Maréchal du Grammont , Pere du
Comte de Guiches , renvoya fon
fils à Paris , & lui défendit de revenir à Fontainebleau.

Pendant ce tems-là les affaires
du Miniftére n'étoient pas plus
tranquilles que celles de l'amour ;
& quoique Monfieur Fouquet, depuis la mort du Cardinal , eût demandé pardon au Roi de toutes
les chofes paffées , quoique le Roi
le lui eût accordé , & qu'il parût

l'eml'emporter fur les autres Miniftres, néanmoins on travailloit fortement à fa perte, & elle étoit réfoluë.

Madame de Chevreufe, qui avoit toûjours confervé quelque chofe de ce grand crédit qu'elle avoit eu fur la Reine Mere, entreprit de la porter à perdre Monfieur Fouquet.

Monfieur de Laigue, marié en fecret, à ce que l'on a crû, avec Madame de Chevreufe, étoit mal-content de ce Sur-Intendant ; il gouvernoit Madame de Chevreufe ; Monfieur le Tellier, & Monfieur Colbert, fe joignirent à eux ; la Reine Mere fit un voyage à Dampierre : & là la perte de Monfieur Fouquet fut concluë, & on y fit enfuite confentir le Roi. On réfolut d'arrêter ce Sur-Intendant, mais

 les

les Ministres craignant , quoiqué
sans sujet, le nombre d'amis qu'il
avoit dans le Royaume , porterent
le Roi à aller à Nantes , afin d'ê-
tre près de Bell'Isle , que Monsieur
Fouquet venoit d'acheter, & de s'en
rendre maître.

Ce voyage fut long-tems résolu
sans qu'on en fit la proposition ;
mais enfin , sur des prétextes qu'ils
trouverent , on commença à en parler. Monsieur Fouquet , bien éloigné de penser que sa perte fut l'objet de ce voyage , se croyoit tout à
fait assûré de sa fortune ; & le Roi,
de concert avec les autres Ministres,
pour lui ôter toute sorte de défian-
ce, le traitoit avec de si grandes
distinctions , que personne ne doutoit qu'il ne gouvernât.

Il y avoit long-tems que le Roi
avoit dit qu'il vouloit aller à Vaux,

mai-

maison superbe de ce Sur-Intendant, & quoique la prudence dût l'empêcher de faire voir au Roi une chose qui marquoit si fort le mauvais usage des Finances, & qu'aussi la bonté du Roi dût le retenir d'aller chez un homme qu'il alloit perdre, néanmoins ni l'un ni l'autre n'y firent aucune réflexion.

Toute la Cour alla à Vaux, & Monsieur Fouquet joignit à la magnificence de sa maison, toute celle qui peut être imaginée pour la beauté des divertissemens, & la grandeur de la réception. Le Roi en arrivant en fut étonné, & Monsieur Fouquet le fut, de remarquer que le Roi l'étoit ; néanmoins ils se remirent l'un & l'autre. La Fête fut la plus complette qui ait jamais été. Le Roi étoit alors dans la première ardeur de la possession de la Va-

G 3

liére

liére ; l'on a crû que ce fut là qu'il la vit pour la premiere fois en particulier , mais il y avoit déja quelque tems qu'il la voyoit dans la chambre du Comte de Saint Aignan , (*a*) qui étoit le confident de cette intrigue.

Peu de jours aprés la fête de Vaux on partit pour Nantes , & ce voyage , auquel on ne voyoit aucune nécessité , paroissoit la fantaisie d'un jeune Roi.

Monsieur Fouquet , quoi qu'avec la fiévre quarte , suivit la Cour , & fut arrêté à Nantes ; ce changement surprit le monde , comme on peut se l'imaginer , & étourdit tellement les parens & les amis de Monsieur Fouquet , qu'ils ne songerent pas à mettre à couvert ses papiers , quoiqu'ils en eussent eu le loisir.

(a) *Depuis Duc de S. Aignan.*

loifir. On le prit dans fa maifon fans aucune formalité , on
l'envoya à Angers , & le Roi revint à Fontainebleau.

Tous les amis de Monfieur Fouquet , furent chaffés & éloignés
des affaires. Le Confeil des trois autres Miniftres (*a*) fe forma entiérement. Monfieur Colbert eut les
Finances , quoique l'on en donnât
quelque apparence au Maréchal de
Villeroi ; & Monfieur Colbert
commença à prendre auprés du
Roi , ce credit qui le rendit depuis
le premier homme de l'Etat.

L'on trouva dans les Caffettes de
Monfieur Fouquet , plus de Lettres de galanterie que de papiers
d'importance ; & comme il s'y en
rencontra de quelques femmes , qu'on
n'avoit jamais foupçonnées d'avoir

G 4 de

(a) *De Lionne, le Tellier, Colbert.*

de commerce avec lui , ce fondement donna lieu de dire qu'il y en
avoit de toutes les plus honnêtes
femmes de France ; la seule qui
fut convaincuë, ce fut Mesneville ,
une des filles de la Reine , & une
des plus belles personnes, que le Duc
d'Anville (*a*) avoit voulu épouser , elle fut chassée , & se retira
dans un Couvent.

(a) *Ci-devant Comte de Brionne.*

Fin de la seconde Partie.

TROI-

TROISIE'ME PARTIE.

LE Comte de Guiches n'avoit point suivi le Roi au voya-ge de Nantes; avant qu'on partit pour y aller, Madame avoit apris de certains discours qu'il a-voit tenus à Paris , & qui sembloient vouloir persuader au public, que l'on ne se trompoit pas de le croire amoureux d'elle. Cela lui avoit déplu, d'autant plus que Madame de Valentinois , qu'il a-voit priée de parler à Madame en sa faveur, bien loin de le faire, lui avoit toûjours dit que son Fre-re ne pensoit pas à lever les yeux jusqu'à elle , & qu'elle la prioit de ne point ajoûter foi à tout ce que des gens, qui voudroient s'en-tremettre , pouroient lui dire de sa part : ainsi Madame ne trouva qu'une vanité offençante pour elle, dans les discours du Comte de Guiches : quoiqu'elle fût fort jeune, & que son peu d'expérience augmentât les deffauts qui suivent la jeunesse, elle résolut de prier le Roi d'ordonner au Comte de Guiches de ne le point suivre à Nantes ; mais la Reine Mere avoit déja prévenuë cette priere, ainsi la sienne ne parut pas.

Madame de Valentinois partit, pendant le voyage de Nantes, pour aller à Monaco, Monsieur étoit toûjours amoureux d'elle, c'est à-dire autant qu'il pouvoit l'être ; elle étoit adorée dés son enfance par (*a*) Péquilin Cadet de la maison de Lausun ; la parenté qui étoit entr'eux lui avoit donné une

(a) *Depuis Duc de Lausun.*

une familiarité entiére dans l'hôtel de Grammont, de forte que s'é-
tant trouvés tous deux très-pro-
pres à avoir de violentes paffions,
rien n'étoit comparable à celle
qu'ils avoient eu l'un pour l'autre. Elle avoit été mariée depuis
un an, contre fon gré, au Prince de
Monaco : mais comme fon Mari
n'étoit pas affés aimable, pour lui
faire rompre avec fon Amant, elle l'aimoit toûjours paffionnément ;
ainfi elle quittoit avec une douleur fenfible, & lui pour la voir
encore, la fuivoit déguifé, tantôt
en marchand, tantôt en poftillon,
enfin de toutes les maniéres qui le
pouvoient rendre méconnoiffable
à ceux qui étoient à elle. En par-
tant elle voulut engager Monfieur
à ne point croire tout ce qu'on lui
diroit de fon Frere, au fujet de Madame,

dame, & elle voulut qu'il luî promit qu'il ne le chasseroit point de la Cour. Monsieur qui avoit déja de la Jalousie du Comte de Guiches, & qui ressentoit l'aigreur qu'on a pour ceux qu'on a fort aimés, & dont l'on croit avoir sujet de se plaindre, ne parut pas disposé à accorder ce qu'elle lui demanda ; elle s'en fâcha, & ils se separerent mal.

La Comtesse de Soissons, que le Roi avoit aimée, & qui aimoit alors le Marquis de Vardes, ne laissoit pas d'avoir beaucoup de chagrin : le grand attachement que le Roi prenoit pour la Valiere en étoit cause, & d'autant plus que cette jeune personne, se gouvernant entierement par les sentimens du Roi ne rendoit compte ni à Madame ni à la Comtesse de Soissons

sons, des choses qui se passoient entre le Roi & elle ; ainsi la Comtesse de Soissons, qui avoit toûjours vû le Roi chercher les plaisirs chez elle, voyoit bien que cette Galanterie l'en alloit éloigner. Cela ne la rendit pas favorable à la Valiére : elle s'en apperçut, & la jalousie qu'on a d'ordinaire de celles qui ont été aimées de ceux qui nous aiment, se joignant au ressentiment des mauvais offices qu'elle lui rendoit, lui donna une haine fort vive pour la Comtesse de Soissons.

Quoique le Roi desirât que la Valiére n'eût pas de confidente, il étoit impossible qu'une jeune personne, d'une capacité médiocre pût contenir en elle même une aussi grande affaire, que celle d'être aimée du Roi. Madame avoit une Fille appellée Montalais.

PORTRAIT DE MONTALAIS.

C'étoit une perſonne qui avoit naturellement beaucoup d'eſprit , mais
un eſprit d'intrigue & d'inſinuation.
Et il s'en falloit beaucoup que le
bon ſens & la raiſon réglaſſent ſa
conduite. Elle n'avoit jamais vû de
Cour , que celle de Madame Doüai-
riére (*a*) à Blois , dont elle avoit été
Fille d'honneur ; ce peu d'expérience du monde , & beaucoup de Galanterie , la rendoit toute propre à
devenir confidente. Elle l'avoit déja été de la Valiére , pendant qu'elle étoit à Blois , où un nommé Bragelone en avoit été amoureux ;
il y avoit eu quelques Lettres ,
Madame de Saint Remi s'en étoit
apperçûë : enfin ce n'étoit pas une
choſe

(a) *Madame de Loraine.*

chose qui eût été loin , cependant le Roi en prit de grandes jalousies.

La Valiére trouvant donc dans la même chambre où elle étoit une fille à qui elle s'étoit déja fiée, s'y fia encore entiérement ; & comme Montalais avoit beaucoup plus d'esprit qu'elle , elle y trouva un grand plaisir , & un grand soulagement. Montalais ne se contenta pas de cette confidence de la Valiére , elle voulut encore avoir celle de Madame. Il lui parut que cette Princesse n'avoit pas d'aversion pour le Comte de Guiches ; & lorsque le Comte de Guiches revint à Fontainebleau , après le voyage de Nantes , elle lui parla , & le tourna de tant de côtés, qu'elle lui fit avoüer qu'il étoit amoureux de Madame. Elle lui promit

mit de le fervir, & ne le fit que trop bien.

La Reine acoucha de Monfeigneur le Dauphin, le jour de la Touffaint 1661. Madame avoit paffé tout le jour auprés d'elle, & comme elle étoit groffe & fatiguée, elle fe retira dans fa chambre, où perfonne ne la fuivit, parceque tout le monde étoit encore chez la Reine. Montalais fe mit à genoux devant Madame, & commença à lui parler de la paffion du Comte de Guiches. Ces fortes de difcours naturellement ne déplaifent pas affez aux jeunes perfonnes, pour leur donner la force de les repouffer ; & de plus Madame avoit une timidité à parler, qui fit que moitié embaras, moitié condefcendance, elle laiffa prendre des efperances à Montalais. Dès le lendemain elle

appor-

apporta à Madame une lettre du
Comte de Guiches ; Madame ne
voulut point la lire, Montalais l'ouvrit & la lut, quelques jours aprés
Madame se trouva mal, elle revint
à Paris en litiere, & comme elle y
montoit, Montalais lui jetta un vo-
lume de lettres du Comte de
Guiches ; Madame les lut pendant
le chemin, & avoüa après à Montalais qu'elle les avoit lües : enfin la jeunesse de Madame, l'agrément du Comte de Guiches, mais
sur tout les soins de Montalais enga-
gerent cette Princesse dans une Galanterie, qui ne lui a donné que des
chagrins considerables. Monsieur
avoit toûjours de la jalousie du
Comte de Guiches, qui néanmoins
ne laissoit pas d'aller aux Tuilleries, où Madame logeoit encore.
Elle étoit considerablement malade.

Il lui écrivoit trois ou quatre fois par jour ; Madame ne lisoit pas ses lettres la plûpart du tems , & les laissoit toutes à Montalais , sans lui demander même ce qu'elle en faisoit ; Montalais n'osoit les garder dans sa chambre , elle les remettoit entre les mains d'un amant qu'elle avoit alors , nommé Malicorne. Le Roi étoit venu à Paris peu de tems après Madame , il voyoit toûjours la Valiére chés elle, il y venoit le soir, & l'alloit entretenir dans un cabinet. Toutes les portes à la vérité étoient ouvertes , mais on étoit plus éloigné d'y entrer que si elles avoient été fermées avec de l'airain.

Il se lassa néanmoins de cette contrainte ; & quoique la Reine sa Mere , pour qui il avoit encore de la crainte , le tourmentât incessam-

ment

ment fur la Valiére , elle feignit d'être malade , & il l'alla voir dans fa chambre.

La jeune Reine ne fçavoit point de qui le Roi étoit amoureux ; elle devinoit pourtant bien qu'il l'étoit ; & ne fçachant où placer fa jaloufie, elle la mettoit fur Madame.

Le Roi fe douta de la confiance que la Valiére prenoit en Montalais : l'efprit d'intrigue de cette fille lui déplaifoit ; il défendit à la Valiére de lui parler. Elle lui obéiffoit en public , mais Montalais paffoit les nuits entiéres avec elle , & bien fouvent le jour s'y trouvoit encore.

Madame qui étoit malade , & qui ne dormoit point , l'envoyoit quelquefois querir , fous prétexte de lui venir lire quelque Livre. Lorfqu'elle quittoit Madame , c'étoit

 pour

Pour aller écrire au Comte de
Guiches, à quoi elle ne manquoit
pas trois fois par jour, & de plus
à Malicorne, à qui elle rendoit
compte de l'affaire de Madame, &
de celle de la Valiere : elle avoit
encore la confidence de Mademoiselle de Tonnay Charente (*a*) qui aimoit le Marquis de Marmoutiers, &
qui souhaitoit fort de l'épouser. Une
seule de ces confidences eût pu
occuper une personne entiere, &
Montalais seule suffisoit à toutes.

Le Comte de Guiches & elle
se mirent dans l'esprit qu'il falloit
qu'il vît Madame en particulier.
Madame qui avoit de la timidité,
pour parler serieusement, n'en a-
voit point pour ces sortes de choses. Elle n'en voyoit point les
conséquences, elle y trouvoit de la
plai-

(*a*) *Depuis Madame de Montespan.*

plaiſanterie de Roman. Montalais lui trouvoit des facilités qui ne pouvoient être imaginées par une autre. Le Comte de Guiches, qui étoit jeune & hardi, ne trouvoit rien de plus beau que de tout ha-zarder; & Madame, & lui ſans a-voir de véritable paſſion l'un pour l'autre, s'expoſerent au plus grand danger où l'on ſe ſoit jamais ex-poſé. Madame étoit malade, & en-vironnée de toutes ces femmes qui ont accoutumé d'être auprès d'une perſonne de ſon rang, ſans ſe fier à pas une. Elle faiſoit entrer le Comte de Guiches, quelquefois en plein-jour, déguiſé en femme qui dit la bonne avanture; & il la diſoit même aux femmes de Mada-me, qui le voyoient tous les jours, & qui ne le connoiſſoient pas; d'au-tres-fois par d'autres inventions,

mais

mais toûjours avec beaucoup de ha-
zards ; & ces entrevûës si périlleu-
ses se passoient à se moquer de Monsieur & à d'autres plaisanteries semblables , enfin à des choses fort
éloignées de la violente passion qui
sembloit les faire entreprendre.
Dans ce tems-là on dit un jour
dans un lieu , où étoit le Comte de
Guiches , avec Vardes , que Madame
étoit plus mal qu'on ne pensoit ,
& que les Médecins croyoient qu'elle ne guériroit pas de sa maladie.
Le Comte de Guiches en parut
fort troublé ; Vardes l'emmena , &
lui aida à cacher son trouble. Le
Comte de Guiches lui avoüa l'é-
tat où il étoit avec Madame , &
l'engagea dans sa confidence ; Madame desaprouva fort ce qu'avoit
fait le Comte de Guiches , elle voulut l'obliger à rompre avec Vardes , il

lui

lui dit qu'il se battroit avec lui pour la satisfaire ; mais qu'il ne pouvoit rompre avec son ami.

Montalais qui vouloit donner un air d'importance à cette galanterie , & qui croyoit qu'en mettant bien des gens dans cette confidence , elle composeroit une intrigue qui gouverneroit l'Etat , voulut engager la Valiére dans les intérêts de Madame : elle lui conta tout ce qui se passoit au sujet du Comte de Guiches , & lui fit promettre qu'elle n'en diroit rien au Roi. En effet la Valiére , qui avoit mille fois promis au Roi de ne lui jamais rien cacher , garda à Montalais la fidélité qu'elle lui avoit promise.

Madame ne sçavoit point que la Valiére sçût ses affaires ; mais elle sçavoit celles de la Valiére par Montalais. Le Public entre-voyoit

quel-

quelque chose de la galanterie de
Madame & du Comte de Guiches.
Le Roi en faisoit de petites questions à Madame ; mais il étoit bien
éloigné d'en sçavoir le fond. Je ne
sçai si ce fut sur ce sujet , ou sur
quelqu'autre , qu'il tint de certains
discours à la Valiére, qui lui firent
juger que le Roi sçavoit qu'elle lui
faisoit finesse de quelque chose ; elle se troubla , & lui fit connoître
qu'elle lui cachoit des choses considerables. Le Roi se mit dans une
colere épouvantable , elle ne lui
avoüa point ce que c'étoit , le Roi
se retira au desespoir contre elle. Ils
étoient convenus plusieurs fois , que
quelques brouilleries qu'ils eussent
ensemble, ils ne s'endormiroient jamais sans se racommoder & sans s'é-
crire. La nuit se passa sans qu'elle
eût de nouvelles du Roi , & se
croyant

croyant perdue, la tête lui tourna ; elle sortit le matin des Tuilleries, & s'en alla, comme une insensée, dans un petit Couvent obscur, qui étoit à Chaillot.

Le matin on alla avertir le Roi qu'on ne sçavoit pas où étoit la Valiére. Le Roi qui l'aimoit passionnément fut extrémement troublé ; il vint aux Tuilleries, pour sçavoir de Madame où elle étoit ; Madame n'en sçavoit rien, & ne sçavoit pas même le sujet qui l'avoit fait partir.

Montalais étoit hors d'elle-même de ce qu'elle lui avoit seulement dit qu'elle étoit desesperée, parce qu'elle étoit perdue à cause d'elle.

Le Roi fit si bien qu'il sçut où étoit la Valiére, il y alla à toute bride lui quatriéme. Il la trouva dans le parloir du dehors de ce Cou-

vent ; on ne l'avoit pas voulu recevoir au dedans : elle étoit cou-
chée à terre , éplorée & hors d'elle même.

Le Roi demeura seul avec elle :
& dans une longue conversation
elle lui avoüa tout ce qu'elle lui
avoit caché , cet aveu n'obtint pas
son pardon. Le Roi lui dit seulement tout ce qu'il falloit dire
pour l'obliger à revenir , & envoya chercher un carosse pour la
ramener.

Cependant il vint à Paris pour
obliger Monsieur à la recevoir ; il
avoit déclaré tout haut qu'il é-
toit bien aise qu'elle fût hors de
chez lui , & qu'il ne la reprendroit
point. Le Roi entra par un petit
degré aux Tuilleries & alla dans
un petit cabinet , où il fit venir
Madame , ne voulant pas se laisser

voir

voir, parce qu'il avoit pleuré. Là
il pria Madame de reprendre la
Valiére, & lui dit tout ce qu'il venoit
d'apprendre d'elle & de ses affaires.
Madame en fut étonnée comme on
se le peut imaginer, mais elle ne
put rien nier, elle promit au Roi
de rompre avec le Comte de Guiches, & consentit à recevoir la Valiére.

Le Roi eut assez de peine à l'obtenir de Madame, mais il la pria
tant les larmes aux yeux, qu'enfin
il en vint à bout ; la Valiére revint dans sa chambre, mais elle
fut long tems à revenir dans l'esprit
du Roi ; il ne pouvoit se consoler
qu'elle eût été capable de lui cacher quelque chose, & elle ne pouvoit suporter d'être moins bien a-
vec lui ; ensorte qu'elle eut pen-

 dant

dant quelque tems l'esprit comme égaré.

Enfin le Roi lui pardonna, & Montalais fit si bien, qu'elle entra dans la confidence du Roi ; il la questionna plusieurs fois sur l'affaire de Bragelone dont il sçavoit qu'elle avoit connoissance ; & comme Montalais sçavoit mieux mentir que la Valiére, il avoit l'esprit en repos lorsqu'elle lui avoit parlé. Il avoit néanmoins l'esprit extrêmement blessé sur la crainte qu'il n'eût pas été le premier que la Valiére eût aimé ; il craignoit même qu'elle n'aimât encore Bragelone.

Enfin il avoit toutes les inquiétudes & les délicatesses d'un homme bien amoureux ; & il est certain qu'il l'étoit fort, quoique la régle qu'il a naturellement dans l'esprit, & la crainte qu'il avoit encore

core

core de la Reine sa Mere , l'em-
pêchassent de faire de certaines
choses emportées , que d'autres seroient capables de faire. Il est vrai,
aussi que le peu d'esprit de la Valiére empêchoit cette Maitresse du
Roi , de se servir des avantages &
du crédit , dont une si grande passion
auroit fait profiter une autre ; elle
ne songeoit qu'à être aimée du Roi
& à l'aimer ; elle avoit beaucoup
de jalousie de la Comtesse de Soif-
sons , chez qui le Roi alloit tous les
jours , quoi qu'elle fit tous ses efforts pour l'en empêcher.

La Comtesse de Soissons ne doutoit pas de la haine que la Valiére
avoit pour elle ; & ennuyée de voir
le Roi entre ses mains , le Marquis
de Vardes & elle resolurent de faire sçavoir à la Reine que le Roi
en étoit amoureux ; ils crurent que

la Reine sçachant cet amour, & a-
puiée par la Reine Mere, obligeroit
Monsieur & Madame à chasser la
Valiére des Tuilleries, & que le
Roi ne sçachant où la mettre, la
mettroit chez la Comtesse de Soissons, qui par là s'en trouveroit la
Maîtresse : & ils esperoient encore
que le chagrin que témoigneroit la
Reine, obligeroit le Roi à rompre
avec la Valiére, & que lors qu'il
l'auroit quittée, il s'attacheroit à
quelqu'autre, dont ils seroient peut
être les Maîtres. Enfin ces chi-
méres, ou d'autres pareilles, leur firent prendre la plus folle résolution, & la plus hazardeuse qui ait
jamais été prise. Ils écrivirent une
lettre à la Reine, où ils l'instrui-
soient de tout ce qui se passoit. La
Comtesse de Soissons ramassa dans
la chambre de la Reine un dessus
de

de lettre du Roi son Pere : Vardes
confia ce secret au Comte de Guiches, afin que comme il sçavoit
l'Espagnol ; il mit la lettre en cette
langue, le Comte de Guiches par
complaisance pour son ami, & par
haine pour la Valiére entra fortement dans ce beau dessein.

Ils mirent la lettre en Espagnol,
ils la firent écrire par un homme
qui s'en alloit en Flandre, & qui ne
devoit point revenir ; ce même homme l'alla porter au Louvre, à un
Huissier, pour la donner à la Signo-
ra Moliniére premiére Femme de
chambre de la Reine, comme une
lettre d'Espagne ; la Moliniére
trouva quelque chose d'extraordinaire à la maniére dont cette
lettre lui étoit venue ; elle trouva de la différence dans la façon
dont elle étoit pliée : enfin par

 ins-

inftinct plutôt que par raifon, elle
ouvrit cette lettre, & après l'avoir
lûë, elle l'alla porter au Roi.

Quoique le Comte de Guiches
eût promis à Vardes de ne rien
dire à Madame de cette lettre,
il ne laiffa pas de lui en parler ; &
Madame malgré fa promeffe, ne laiffa pas de le dire à Montalais, mais
ce ne fut de longtems. Le Roi fut
dans une colére qui ne fe peut re-
préfenter, il parla à tous ceux qu'il
crut pouvoir lui donner quelque
connoiffance de cette affaire, &
même il s'adreffa à Vardes, comme
à un homme d'efprit, & à qui il fe
fioit. Vardes fut affez embaraffé
de la commiffion que le Roi lui
donnoit ; cependant il trouva le
moyen de faire tomber le foupçon
fur Madame de Navailles (*a*) & le
Roi

(a) *Dame d'honneur de la jeune*
Reine.

Roi le crut si bien que cela eut grande part aux disgraces qui lui arriverent depuis.

Cependant Madame vouloit tenir la parole qu'elle avoit donnée au Roi, de rompre avec le Comte de Guiches ; & Montalais s'étoit aussi engagée auprès du Roi de ne se plus mêler de ce commerce. Néanmoins avant que de commencer cette rupture, elle avoit donné au Comte de Guiches les moyens de voir Madame, pour trouver ensemble, disoit elle, ceux de ne se plus voir. Ce n'est guére en presence que les gens qui s'aiment trouvent ces sortes d'expediens ; aussi cette conversation ne fit pas un grand effet, quoiqu'elle suspendît pour quelque tems le commerce de lettres. Montalais pro-

mit

mit encore au Roi , de ne plus fervir le Comte de Guiches , pourvû qu'il ne le chaffât point de la Cour , & Madame demanda au Roi la même chofe.

Vardes , qui étoit pour lors abfolument dans la confidence de Madame , qui la voyoit fort aimable & pleine d'efprit , foit par un fentiment d'amour , foit par un fentiment d'ambition & d'intrigue , voulut être feul maître de fon efprit , & réfolut de faire éloigner le Comte de Guiches ; il fçavoit ce que Madame avoit promis au Roi , mais il voyoit que toutes les promeffes feroient mal obfervées.

Il alla trouver le Maréchal de Grammont , il lui dit une partie des chofes qui fe paffoient , il lui fit voir le péril où s'expofoit fon fils.

fils , & lui conseilla de l'éloigner , &
de demander au Roi , qu'il allât
commander les troupes , qui étoient
alors à Nancy.

Le Maréchal de Grammont , qui
aimoit son fils passionnément , suivit les sentimens de Vardes , & demanda ce Commandement au Roi.
Et comme c'étoit une chose avan-
tageuse pour son fils , le Roi ne
douta point que le Comte de Guiches ne la souhaitât , & la lui accorda.

Madame ne sçavoit rien de ce
qui se passoit ; Vardes ne lui avoit
rien dit de ce qu'il avoit fait , non
plus qu'au Comte de Guiches ,
& on ne l'a sçu que depuis. Madame étoit allée loger au Palais
Royal , où elle avoit fait ses couches ; tout le monde la voyoit , &
des femmes de la Ville , peu ins-

trui-

truites de l'intérêt qu'elle prenoit
au Comte de Guiches , dirent dans
la Ville , comme une chose indifférente , qu'il avoit demandé le Commandement des troupes de Loraine & qu'il partoit dans peu
de jours.

Madame fut extrêmement surprise de cette nouvelle ; le soir le
Roi la vint voir. Elle lui en parla , & il lui dit qu'il étoit véritable
que le Maréchal de Grammont lui
avoit demandé ce Commandement ;
comme une chose que son fils souhaitoit fort ; & que le Comte de Guiches l'en avoit remercié.

Madame se trouva fort offencée
que le Comte de Guiches eût pris
sans sa participation le dessein de
s'éloigner d'elle ; elle le dit à Montalais , & lui ordonna de le voir.
Elle le vit , & le Comte de Guiches ,
de-

deſeſperé de s'en aller , & de voir Madame mal satisfaite de lui , lui écrivit une lettre , par laquelle il lui offrit de ſoutenir au Roi , qu'il n'avoit point demandé l'emploi de Loraine , & en même tems de le re-fuſer.

Madame ne fut pas d'abord ſatisfaite de cette lettre. Le Comte de Guiches , qui étoit fort emporté , dit qu'il ne partiroit point , & qu'il alloit remettre le Commandement au Roi. Vardes eut peur qu'il ne fût aſſés fou pour le faire ; il ne vouloit pas le perdre , quoiqu'il vou-lût l'éloigner : il le laiſſa en garde à la Comteſſe de Soiſſons , qui entra dès ce jour dans cette confidence , & vint trouver Madame pour qu'elle écrivit au Comte de Gui-ches , qu'elle vouloit qu'il partit. Elle fut touchée de tous les ſen-

timens

timens du Comte de Guiches , où
il y avoit en effet de la hauteur , &
de l'amour ; elle fit ce que Vardes
vouloit , & le Comte de Guiches
résolut de partir à condition qu'il
verroit Madame.

Montalais qui se croyoit quitte
de sa parole envers le Roi , puis
qu'il chasſoit le Comte de Guiches ,
ſe chargea de cette entrevue , &
Monſieur devant venir au Louvre ,
elle fit entrer le Comte de Guiches ſur le Midi , par un eſcalier
dérobé , & l'enferma dans un Ora-
toire. Lorſque Madame eut diné
elle fit ſemblant de vouloir dormir,
& paſſa dans une Gallerie , où le
Comte de Guiches lui dit adieu :
comme ils y étoient enſemble ,
Monſieur revint ; tout ce qu'on
put faire , fut de cacher le Comte
de Guiches dans une cheminée ,
où

où il demeura long-tems sans pouvoir sortir : Enfin Montalais l'en
tira, & crut avoir sauvé tous les périls de cette entrevue ; mais elle se
trompoit infiniment.

Une de ses compagnes, nommée
Artigny (*a*) dont la vie n'avoit
pas été bien exemplaire, la haïssoit
fort. Cette Fille avoit été mise dans
la Chambre, par Madame de la Baziniére, autrefois Chemerault, à qui
le tems n'avoit pas ôté l'esprit d'intrigue, & elle avoit grand pouvoir sur l'esprit de Monsieur. Cette Fille, qui épioit Montalais, &
qui étoit jalouse de la faveur dont
elle jouissoit auprès de Madame,
soupçonna qu'elle menoit quelque
intrigue. Elle le découvrit à Madame de la Baziniére, qui la fortifia dans le dessein, & dans le moyen
de

(a) *Depuis la Comtesse du Roule.*

de la découvrir. Elle lui joignit ,
pour espion, une appellée Merlot ,
& l'une & l'autre firent si bien ,
qu'ils virent entre le Comte de
Guiches dans l'apartement de Madame.

Madame de la Baziniére en avertit la Reine Mere par Artigny , &
la Reine Mere , par une conduite
qui ne se peut pardonner à une personne de sa vertu & de sa bonté, voulut que Madame de la Baziniére en
avertit Monsieur. Ainsi l'on dit à
ce Prince ce que l'on auroit caché à
tout autre Mari.

Il résolut , avec la Reine sa Mere , de chasser Montalais , sans en
avertir Madame , ni même le Roi ,
de peur qu'il ne s'y opposât , parce qu'elle étoit alors fort bien a-
vec lui ; sans considerer que ce
bruit alloit faire découvrir ce que

peu

peu de gens sçavoient ; ils résolurent seulement de chasser encore
une autre Fille de Madame, dont la
conduite personnelle n'étoit pas trop
bonne.

Ainsi un matin la Maréchale du
Plessis, par ordre de Monsieur, vint
dire à ces deux filles, que Monsieur
leur ordonnoit de se retirer, & à
l'heure même on les fit mettre dans
un carosse. Montalais dit à la Maréchale du Plessis qu'elle la conju-
roit de lui faire rendre ses Cassettes,
parceque si Monsieur les voyoit,
Madame étoit perduë. La Maréchale en alla demander la permission à Monsieur, sans néanmoins lui
en dire la cause. Monsieur, par une
bonté incroyable en un homme jaloux, laissa emporter les Cassettes,
& la Maréchale du Plessis ne songea
point à s'en rendre Maîtresse pour

K

les

les rendre à Madame. Ainsi elles furent remises entre les mains de Montalais, qui se retira chez sa Sœur. Quand Madame s'éveilla, Monsieur entra dans sa chambre, & lui dit qu'il avoit fait chasser ses deux Filles : elle en demeura fort étonnée, & il se retira sans lui en dire davantage : un moment après le Roi lui envoya dire qu'il n'avoit rien sçu de ce qu'on avoit fait & qu'il la viendroit voir le plûtôt qu'il lui seroit possible.

Monsieur alla faire ses plaintes, & conter ses douleurs à la Reine d'Angleterre, qui logeoit alors au Palais Royal ; elle vint trouver Madame, & la gronda un peu, & lui dit tout ce que Monsieur sçavoit de certitude, afin qu'elle lui avouât la même chose, & qu'elle ne lui en die pas davantage.

Mon-

Monsieur & Madame eurent un grand éclaircissement ensemble ; Madame lui avoüa qu'elle avoit vû le Comte de Güiches , mais que c'étoit la premiére fois , & qu'il ne lui avoit écrit que trois ou quatre fois.

Monsieur trouva un si grand air d'autorité à se faire avoüer par Madame les choses qu'il sçavoit déja, qu'il lui en adoucit toute l'amertume ; il l'embrassa & ne conserva que de legers chagrins. Ils auroient sans doute été plus violens à tout autre qu'à lui ; mais il ne pensa point à se venger du Comte de Guiches ; & quoique l'éclat que cette affaire fit dans le monde, semblât par honneur l'y devoir obliger , il n'en témoigna aucun ressentiment , il tourna tous ses soins à empécher

K 2   que

que Madame n'eût de commerce a-
vec Montalais, & comme elle en
avoit un très-grand avec la Valiére,
il obtint du Roi que la Valiére n'en
auroit plus. En effet, elle en eut
très-peu, & Montalais se mit dans
un Couvent.

Madame promit, comme on le
peut juger, de rompre toutes sortes de liaisons avec le Comte de
Guiches, & le promit même au
Roi ; mais elle ne lui tint pas parole. Vardes demeura le confident,
au hazard même d'être brouillé
avec le Roi ; mais comme il avoit
fait confidence au Comte de Guiches de l'affaire d'Espagne, cela
faisoit une telle liaison entr'eux,
qu'ils ne pouvoient rompre sans
folie ; il sçut alors que Montalais étoit instruite de la lettre
d'Espagne, & cela lui donnoit des
égards

égards pour elle, dont le Public ne pouvoit deviner la caufe ; outre qu'il étoit bien aife de fe faire un mérite auprès de Madame, de gouverner une perfonne qui avoit tant de part à fes affaires.

Montalaïs ne laiffoit pas d'avoir quelque commerce avec la Valiére, & de concert avec Vardes, elle lui écrivit deux grandes lettres, par lefquelles elle lui donnoit des avis pour fa conduite, & lui difoit tout ce qu'elle devoit dire au Roi. Le Roi en fut dans une colére étrange, & envoya prendre Montalais par un Exempt, avec ordre de la conduire à Frontevaux, & de ne la laiffer parler à perfonne. Elle fut fi heureufe qu'elle fauva encore fes Caffettes, & les laiffa entre les mains de Malicorne, qui étoit toûjours fon amant.

L_a

La Cour fut à Saint Germain.
Vardes avoit un grand commerce
avec Madame ; car celui qu'il avoit
avec la Comteſſe de Soiſſons , qui
n'avoit aucune beauté , ne le pouvoit détacher des charmes de Madame. Si tôt qu'on fut à Saint Germain , la Comteſſe de Soiſſons , qui
n'aſpiroit qu'à ôter à la Valiére la
place qu'elle occupoit , ſongea à engager le Roi avec la Mothe Hou-
dancour , Fille de la Reine. Elle a-
voit déja eu cette penſée avant que
l'on partit de Paris , & peut être
même que l'eſperance que le Roi
viendroit à elle , s'il quittoit la Valiére , étoit une des raiſons qui l'a-
voit engagée à écrire la lettre
d'Eſpagne. Elle perſuada au Roi
que cette Fille avoit pour lui une
paſſion extraordinaire ; & le Roi ,
quoiqu'il aimât avec paſſion la Valiére

liére , ne laiffa pas d'entrer en commerce avec la Mothe ; mais il engagea la Comteffe de Soiffons à n'en
rien dire à Vardes ; & en cette occafion la Comteffe de Soiffons pré-
fera le Roi à fon Amant , & lui tut ce
commerce.

Le Chevalier de Grammont (*a*)
étoit amoureux de la Mothe. Il
démêla quelque chofe de ce qui
s'étoit paffé , & épia le Roi avec
tant de foin , qu'il découvrit que le
Roi alloit dans la chambre des
Filles.

Madame de Navailles , qui étoit
alors Dame d'honneur , découvrit
auffi ce commerce. Elle fit murer
des portes , & griller des fenêtres , la
chofe fut fçuë ; le Roi chaffa le
Chevalier de Grammont , qui fut
plu-

(*a*) *Depuis Comte de Grammont.*

plusieurs années sans avoir permission de revenir en France.

Vardes aperçut, par l'éclat de
cette affaire, la finesse qui lui avoit
été faite par la Comtesse de Soissons, & en fut dans un desespoir
si violent, que tous ses amis, qui l'a-
voient cru jusqu'alors incapable de
passion, ne douterent pas qu'il n'en
eût une très-vive pour elle. Ils pen-
serent rompre ensemble ; mais le
Comte de Soissons (*a*) qui ne soup-
çonnoit rien au delà de l'amitié entre Vardes & sa Femme, prit le
soin de les racommoder. La Valiére
eut des jalousies & des desespoirs
inconcevables ; mais le Roi qui é-
toit animé par la résistance de la
Mothe, ne laissoit pas de la voir toûjours. La Reine mere le détrom-
pa de l'opinion qu'il avoit de la pas-

sion

(a) *De la Maison de Savoye.*

sion prétendue de cette fille , elle sçut par quelqu'un cette intelligence , & que c'étoit le Marquis d'Allage , & Fouilloux , amis intimes de la Comtesse de Soissons , qui faisoient les lettres que la Mothe écrivoit au Roi ; & elle sçut à point nommé qu'elle lui en devoit écrire une , qui avoit été concertée entr'eux , pour lui demander l'éloignement de la Valiére.

Elle en dit les propres termes au Roi , pour lui faire voir qu'il étoit dupé par la Comtesse de Soissons ; & le soir même , comme elle donna la lettre au Roi , y trouvant ce qu'on avoit dit , il brûla la lettre , rompit avec la Mothe , demanda pardon à la Valiére , & lui avoüa tout ; en sorte que depuis ce tems-là , la Valiére n'en eut aucune inquiétude ; & la Mothe s'est piquée

L   de-

depuis d'avoir une paſſion pour le
Roi , qui l'a rendue une Veſta-
le pour tous les autres hommes.

L'avanture de la Mothe fut ce
qui ſe paſſa de plus conſidérable à
Saint Germain : Vardes paroiſſoit
déja amoureux de Madame , aux
yeux de ceux qui les avoient bons ;
mais Monſieur n'en avoit aucune
jalouſie , & au contraire étoit fort
aiſe que Madame eût de la confiance en lui.

La Reine Mere n'en étoit pas de
même , elle haïſſoit Vardes , & ne
vouloit pas qu'il ſe rendît Maître
de l'eſprit de Madame.

On revint à Paris. La Valiére é-
toit toûjours au Palais Royal ;
mais elle ne ſuivoit point Madame ,
& même elle ne la voyoit que ra-
rément. Artigni quoique ennemie

de

de Montalais , prit sa place auprès
de la Valiére , elle avoit toute sa
confiance , & étoit tous les jours
entre le Roi & elle.

Montalais suportoit impatiem-
ment la prospérité de son ennemie,
& ne respiroit que les occasions de
s'en vanger , & de vanger en même
tems Madame de l'insolence qu'Artigni avoit euë , de découvrir ce qui
la regardoit.

Lors qu'Artigni vint à la Cour ,
elle y arriva grosse ; & sa grossesse
étoit déja si avancée , que le Roi ,
qui n'en avoit point ouï parler, s'en
apperçut , & le dit en même tems ;
sa Mere la vint querir sous prétexte qu'elle étoit malade. Cette
avanture n'auroit pas fait beaucoup
de bruit , mais Montalais fit si
bien qu'elle trouva le moyen d'a-
voir des lettres qu'Artigni avoit é-

 crites

crites pendant sa grossesse au Pere
de l'enfant , & remit ces lettres entre les mains de Madame , de sorte
que Madame , ayant un si juste sujet
de chasser une personne , dont elle avoit tant de raisons de se plaindre , déclara qu'elle vouloit chasser Artigni , & en dit toutes les raisons. Artigni eut recours à la Valiére. Le Roi à sa priére voulut
empêcher Madame de la chasser ;
cette affaire fit beaucoup de bruit ,
& causa même de la brouillerie
entre le Roi & elle. Les lettres
furent remises entre les mains de
Madame de Montausier (*a*) ; & de
Saint Chaumont ; pour vérifier
l'écriture ; mais enfin Vardes , qui
vouloit faire des choses agreables
au Roi , afin qu'il ne trouvât pas
à redire au commerce qu'il avoit
avec

(a) *Dame d'honneur de la Reine.*

avec Madame , se fit fort d'engager Madame à garder Artigni ; & comme Madame étoit fort jeune , qu'il étoit fort habile , & qu'il avoit un grand crédit sur son esprit, il l'y obligea effectivement.

Artigni avoua au Roi la vérité de son avanture ; le Roi fut touché de sa confiance , il profita depuis des bonnes dispositions qu'elle lui avoit avouées ; & quoique ce fût une personne d'un très - médiocre mérite , il l'a toûjours bien traitée depuis , & a fait sa fortune comme nous le dirons ci-aprés.

Madame & le Roi se raccommoderent. On dança pendant l'Hiver un joli ballet. La Reine ignoroit toûjours que le Roi fût amoureux de la Valiére , & croyoit que c'étoit de Madame.

Monsieur étoit extrêmement jaloux

du Prince de Marsillac, aîné du Duc de la Rochefoucault, & il l'é-toit d'autant plus qu'il avoit pour lui une inclination naturelle, qui lui faisoit croire que tout le monde devoit l'aimer.

Marsillac en effet étoit amou-reux de Madame, il ne le lui fai-soit paroître que par ses yeux, ou par quelques parolles jettées en l'air qu'elle seule pouvoit entendre, elle ne répondoit point à sa passion, elle étoit fort occupée de l'amitié que Vardes avoit pour elle, qui te-noit plus de l'amour que de l'ami-tié ; mais comme il étoit embaras-sé de ce qu'il devoit au Comte de Guiches, & qu'il étoit partagé par l'engagement qu'il avoit avec la Comtesse de Soissons, il étoit fort incertain de ce qu'il devoit faire, & ne sçavoit s'il devoit s'engager entié-

entiérement avec Madame, ou demeurer seulement son ami.

Monsieur fut si jaloux de Marsillac qu'il l'obligea de s'en aller chés
lui. Dans le tems qu'il partit il
arriva une avanture qui fit beaucoup d'éclat, & dont la vérité fut
cachée pendant quelque tems.

Au commencement du Printéms
le Roi alla passer quelques jours
à Versailles. La Rougeolle lui prit,
dont il fut si mal qu'il pensa aux ordres qu'il devoit donner à l'Etat,
& il résolut de mettre Monsei-
gneur le Dauphin entre les mains
du Prince de Conti, que la dévotion avoit rendu un des plus honnêtes hommes de France. Cette maladie ne fut dangereuse que pendant vingt quatre heures ; mais
quoi qu'elle le fût pour ceux qui la

 pou-

pouvoient prendre , tout le monde
ne laiffa pas d'y aller.

Monfieur le Duc y fut , & prit
la Rougeolle ; Madame y alla auffi quoiqu'elle la craignit beaucoup :
ce fut-là que Vardes : pour la premiere fois , lui parla affés claire-
ment de la paffion qu'il avoit pour
elle. Madame ne le rebuta pas entiérement : il eft difficile de mal-
traiter un Confident aimable quand
l'Amant eft abfent.

Madame de Châtillon (*a*) qui ap-
prochoit alors Madame de plus près
qu'aucune autre , s'étoit apperçue
de l'inclination que Vardes avoit
pour elle ; & quoi qu'ils euffent
été brouillés enfemble après avoir
été fort bien , elle fe racommoda
avec lui , moitié pour entrer dans
la confidence de Madame , moitié
pour

(a) *Depuis Madame de Mekelbourg.*

pour le plaifir de voir fouvent un homme qui lui plaifoit fort.

Le Comte du Pleffis , premier Gentilhomme de la chambre de Monfieur , par une complaifance extraordinaire pour Madame , avoit toûjours été porteur des lettres qu'elle écrivoit à Vardes , & de celles que Vardes lui écrivoit ; & quoiqu'il dût bien juger que ce commerce regardoit le Comte de Guiches , & enfuite Vardes même, il ne laiffa pas de continuer.

Cependant Montalais étoit toûjours comme prifonniére à Fontevaux. Malicorne & un appellé Corbinelli , qui étoit un garçon d'efprit & de mérite , & qui s'étoit trouvé dans la confidence de Montalais , avoient entre les mains toutes les lettres dont elle avoit été dépofitaire , & ces lettres étoient

d'une

d'une conséquence extrême pour le Comte de Guiches, & pour Madame; parce que pendant qu'il étoit à Paris, comme le Roi ne l'aimoit pas naturellement, & qu'il avoit cru avoir des sujets de s'en plaindre, il ne s'étoit point ménagé en écrivant à Madame, & s'étoit abandonné à beaucoup de plaisanteries & de choses offensantes contre le Roi. Malicorne & Corbinelli voyant Montalais si fort oubliée, & craignant que le tems ne diminuât l'importance des lettres qu'ils avoient entre les mains, résolurent de voir s'ils ne pouroient pas en tirer quelqu'avantage pour Montalais, dans un tems où l'on ne pouvoit l'accuser d'y avoir part.

Ils firent donc parler de ces lettres à Madame par la Mere de la

la Fayette Supérieure de Chaillot ;
& l'on fit aussi entendre au Maréchal de Grammont , qu'il devoit aussi songer aux intérêts de
Montalais , puisqu'elle avoit entre
ses mains des secrets si considéra-
bles.

Vardes connoissoit fort Corbinelli ; Montalais lui avoit dit l'a-
mitié qu'elle avoit pour lui : &
comme le dessein de Vardes étoit
de se rendre maître des lettres , il
ménageoit fort Corbinelli , & tâchoit à l'engager à ne les faire rendre que par lui.

Il sçut par Madame que d'autres personnes lui proposoient de
les lui faire rendre , il vint trouver Corbinelli comme un desespe-
ré , & Corbinelli sans lui avoüer
que c'étoit par lui que les proposi-
tions s'étoient faites , promit à Vardes

des que les lettres ne passeroient que par ses mains.

Lorsque Marsillac avoit été chassé, Vardes dont les intentions étoient déja de broüiller entiérement le Comte de Guiches avec Madame, avoit écrit au Comte qu'elle avoit une galanterie avec Marsillac. Le Comte de Guiches trouvant que ce qui lui mandoit son meilleur ami, & l'homme de la Cour qui voyoit Madame de plus près, s'accordoit avec les bruits qui couroient, ne douta point qu'ils ne fussent véritables, & écrivit à Vardes comme persuadé de l'infidélité de Madame.

Quelque-temps auparavant Vardes, pour se faire un mérite auprès de Madame, lui dit qu'il falloit aussi retirer les lettres que le Comte de Guiches avoit d'elle. Il é-

crivit

crivit au Comte de Guiches que
puis qu'on trouvoit moyen de retirer celles qu'il avoit écrites à Madame , il falloit qu'il lui rendit
celles qu'il avoit d'elle. Le Comte de Guiches y consentit sans
peine , & manda à sa mere de remettre entre les mains de Vardes
une Cassette , qu'il lui avoit lais-
sée.

Tout ce commerce pour faire
rendre les lettres , fit trouver à
Vardes & à Madame une nécessité de se voir ; & la mere de la
Fayette croyant qu'il ne s'agissoit
que de rendre des lettres , consentit
que Vardes vint secretement à un
parloir de Chaillot parler à Madame. Ils eurent une fort longue conversation , & Vardes dit à Madame
que le Comte de Guiches étoit
persuadé qu'elle avoit une galanterie

terie avec Marsillac ; il lui montra même les lettres que le Comte de Guiches lui écrivoit, où il ne paroissoit pas néanmoins que ce fût lui qui eût donné l'avis, & là-dessus il disoit tout ce que peut dire un homme qui veut prendre la place de son ami ; & comme l'esprit & la jeunesse de Vardes le rendoient très-aimable, & que Madame avoit une inclination pour lui plus naturelle que pour le Comte de Guiches, il étoit difficile qu'il ne fit pas quelques progrez dans son esprit.

Ils résolurent dans cette entre-vûë qu'on retireroit ses lettres qui étoient entre les mains de Montalais : ceux qui les avoient les rendirent en effet ; mais ils gardèrent toutes celles qui étoient d'importance. Vardes les rendit à Madame

me

me chez la Comtesse de Soissons, avec celles qu'elle avoit écrite au Comte de Guiches, & elles furent brûlées à l'heure même.

Quelques jours après Madame & Vardes convinrent ensemble de se voir encore à Chaillot ; Madame y alla, mais Vardes n'y fut pas, & s'excusa sur de très-méchantes raisons. Il se trouva que le Roi avoit sçû la premiere entrevûë ; & soit que Vardes même le lui eût dit, & qu'il crût que le Roi n'en aprouveroit pas une seconde ; soit qu'il craignit la Comtesse de Soissons, enfin il n'y alla pas. Madame en fut extrémement indignée. Elle lui écrivit une lettre où il y avoit beaucoup de hauteur & de chagrin, & ils furent brouillés quelque tems.

La Reine Mere fut malade pendant

dant la plus grande partie de l'E-
té : cela fut cauſe que la Cour ne
quitta Paris qu'au mois de Juillet.
Le Roi en partit pour prendre
Marſal. Tout le monde le ſuivit.
Marſillac qui n'avoit eu qu'un a-
vis de s'éloigner, & qui n'en avoit
point d'ordre, revint & ſuivit le
Roi.

Comme Madame vit que le Roi
iroit en Lorraine, & qu'il verroit le Comte de Guiches, elle
craignit qu'il n'avouât au Roi le
commerce qu'ils avoient enſemble,
& elle lui manda que ſi il lui en
diſoit quelque choſe, elle ne le
verroit jamais ; cette lettre n'arriva qu'après que le Roi eut parlé au
Comte de Guiches, & qu'il lui eut
avoué tout ce que Madame lui avoit
caché.

Le Roi le traita ſi bien pendant

ce

ce voyage, que tout le monde en fut surpris. Vardes qui sçavoit ce que Madame avoit écrit au Comte de Guiches, fit semblant d'ignorer qu'il n'avoit pas reçu la lettre, & il manda à Madame que la nouvelle faveur du Comte de Guiches l'avoit tellement é-bloüi, qu'il avoit tout avoüé au Roi.

Madame fut fort en colére contre le Comte de Guiches, & aïant un si juste sujet de rompre avec lui, & peut être aïant d'ailleurs envie de le faire, elle lui écrivit une lettre pleine d'aigreur, & rompit avec lui en lui défendant de jamais nommer son nom.

Le Comte de Guiches, aprés la prise de Marsal, n'aïant plus rien à faire en Loraine, avoit demandé au Roi la permission de s'en aller en Pologne. Il avoit écrit à Madame tout ce qui la pouvoit adoucir sur sa faute ; mais Madame ne voulut pas recevoir ses excuses , & lui écrivit cette lettre de rupture dont je viens de parler. Le Comte de Guiches la reçut , lorsqu'il étoit prêt à s'embarquer , & il en eût un si grand desespoir , qu'il eût souhaité que la tempête , qui s'élevoit dans le moment , lui donnât lieu de finir sa vie. Son voyage fut néanmoins trés-heureux : il fit des actions extraordinaires ; il s'exposa à des grands périls dans la guerre contre les Moscovites , & y reçut même un coup dans l'estomac , qui l'eût tué sans doute , sans un Portrait de Madame , qu'il portoit dans une forte grosse boëte

qui

qui reçut le coup , & qui en fut toute brisée.

Vardes étoit assez satisfait de voir le Comte de Guiches si éloi-gné de Madame en toute façon , Marsillac étoit le seul Rival qui lui restât à combattre ; & quoique Marsillac lui eût toûjours nié qu'il fût amoureux de Madame , quel-qu'offre de l'y servir qu'il lui eût pû faire , il sçût si bien le tourner , & de tant de côtez , qu'il le lui fit a-voüer , ainsi il se trouva le confident de son Rival.

Comme il étoit intime ami de Monsieur de la Rochefoucault , à qui la passion de son fils pour Madame déplaisoit infiniment , il engageoit Monsieur à ne point faire de mal à Marsillac : néanmoins au retour de Marsal , comme on étoit à une assemblée , il reprit un soir à Mon-

M 2

sieur

fieur une jaloufie fur Marfillac ; il
appella Vardes pour lui en parler , & Vardes , pour lui faire fa
Cour , & pour faire chafler Marfillac , lui dit qu'il s'étoit apper-
çu de la maniére dont Marfillac
avoit regardé Madame , & qu'il en
alloit avertir Monfieur de la Rochefoucault.

Il eft aifé de juger que l'appro-
bation d'un homme comme Vardes , qui étoit ami de Marfillac ,
n'augmenta pas peu la mauvaife
humeur de Monfieur , & il voulut
encore que Marfillac fe retirât.
Vardes vint trouver Monfieur de
la Rochefoucault , & lui conta affez
malignement ce qu'il avoit dit à
Monfieur , qui le conta auffi à Monfieur de la Rochefoucault. Vardes &
lui furent prêts à fe broüiller entiérement , & d'autant plus que la Ro-
chefou-

chefoucault sçut alors que son fils
avoit avoué sa passion pour Madame.

Marsillac partit de la Cour , &
passant par Moret , où étoit Vardes , il ne voulut point d'éclaircissement avec lui , mais depuis ce
tems-là ils n'eurent plus que des apparences l'un pour l'autre.

Cette afaire fit beaucoup de bruit,
& l'on n'eut pas de peine à juger
que Vardes étoit amoureux de Madame. La Comtesse de Soissons commença même à en avoir de la jalousie; mais Vardes la ménagea si bien
que rien n'éclata.

Nous avons laissé Vardes content
d'avoir fait chasser Marsillac , & de
sçavoir le Comte de Guiches en
Pologne ; il lui restoit deux personnes qui l'incommodoient encore , & qu'il ne vouloit pas qui fus-

sent

sent des amis de Madame. Le Roi
en étoit un, l'autre étoit Gondrin
Archevêque de Sens.

Il se défit bien-tôt du dernier, en
lui disant que le Roi le croyoit
amoureux de Madame, & qu'il a-
voit fait la plaisanterie de dire qu'il
faudroit bien-tôt envoyer un Archevêque à Nancy; cela lui fit gagner son Diocése, d'où il revenoit
rarement.

Il se servit aussi de cette même
plaisanterie, pour dire à Madame
que le Roi la haïssoit, & qu'elle
devoit s'assurer de l'amitié du Roi
son Frere, afin qu'il pût la défendre contre la mauvaise volonté de
l'autre; Madame lui dit qu'elle en
étoit assurée; il l'engagea à lui faire voir les lettres que son Frere lui
écrivoit; elle le fit, & il s'en fit
valoir auprès du Roi, en lui dé-
pei-

peignant Madame comme une perfonne dangereufe , mais que le crédit qu'il avoit fur elle l'empêcheroit
de rien faire mal à propos.

Il ne laiffa pourtant pas , dans le
tems qu'il faifoit de telles trahifons
à Madame , de paroître s'abandonner à la paffion qu'il difoit avoir pour
elle , & de lui dire tout ce qu'il fçavoit du Roi.

Il la pria même de lui permettre
de rompre avec la Comteffe de Soiffons , ce qu'elle ne voulut pas fouffrir , car quoi-qu'elle eût affuré-
ment trop d'indulgence pour fa
paffion , elle ne laiffoit pas d'entre-
voir que fon procedé n'étoit pas fin-
cére , & cette penfée empêcha Madame de s'engager ; elle fe broüilla même avec lui très - peu de tems
après.

Dans ce même-tems Madame de
Me-

Mekelbourg & Madame de Montespan étoient les deux personnes
qui paroissoient le mieux avec Madame ; la derniére étoit jalouse de
l'autre, & cherchant pour la détrui-
re tous les moyens possibles, elle rencontra celui que je vais dire. Madame d'Armagnac étoit alors en
Savoye, où elle avoit conduit Madame de Savoye. Monsieur pria
Madame de la mettre à son retour
de toutes les parties de plaisir qu'elle feroit ; Madame y consentit,
quoiqu'il lui parut que Madame
d'Armagnac cherchoit plutôt à s'en
retirer. Madame de Mekelbourg
dit à Madame qu'elle en sçavoit
la raison. Elle lui conta que dans
le tems du mariage de Madame
d'Armagnac, elle avoit une affaire
reglée avec Vardes, & que desi-
rant de retirer de lui ses lettres, il
lui

lui avoit dit qu'il ne les lui ren-
droit que quand il seroit assûré
qu'elle n'aimeroit personne.

Avant que d'aler en Savoye elle avoir fait une tentative pour les
ravoir, à laquelle il avoit resisté,
disant qu'elle aimoit Monsieur, ce
qui lui faisoit apprehender de se
trouver chez Madame ;de peur de
l'y rencontrer

Madame résolut, sçachant cela, de
redemander à Vardes ses lettres
pour les lui rendre, afin qu'elle
n'eût plus rien à ménager ; Madame le dit à la Montespan, qui l'en
loua, mais qui s'en servit pour lui
jouer la piéce la plus noire qu'on
puisse s'imaginer.

En ce même tems Monsieur le
Grand aimoit Madame, & quoiqu'il
le lui fit connoître très-grossiére-
ment, il crut que puis qu'elle n'y

                    ré-

répondoit pas , elle ne le comprenoit point ; cela lui fit prendre la résolution de lui écrire ; mais ne se
trouvant pas assez d'esprit , il pria
Monsieur de Luxembourg , & l'Archevêque de Sens de faire la lettre
qu'il vouloit mettre dans la poche
de Madame au Val de Grace , afin
qu'elle ne la pût refuser : ils ne ju-
gerent pas à propos de le faire , &
avertirent Madame de son extrava-
gance. Madame les pria de faire
ensorte qu'il ne pensât plus à elle ,
& en effet ils y réussirent.

Mais Madame d'Armagnac revenant de Savoye , se trouva fort
jalouse ; Madame de Montespan lui
dit qu'elle avoit raison de l'être
& pour la prévenir , alla au devant
d'elle lui conter que Madame vouloit avoir ses lettres , pour lui faire
du mal , & qu'à moins qu'elle ne
perdit

perdit Madame de Mekelbourg, on
la perdroit elle - même. Madame
d'Armagnac, qui employoit volon-
tiers le peu d'esprit qu'elle avoit
à faire du mal, conclud avec Madame de Montespan, qu'il falloit perdre Madame de Mekelbourg : elles
y travaillerent auprès de la Reine
Mere, par Monsieur de Beauvais;
& auprès de Monsieur, en lui re-
présentant que Madame de Mekelbourg avoit trop méchante re-
putation pour la laisser auprès de
Madame.

Elle de son côté voulut faire tant
de finesse qu'elle acheva de se dé-
truire, & Monsieur lui défendit
de voir Madame. Madame au desespoir de l'affront qu'une de ses a-
mies recevoir, défendit à Mesdames
de Montespan & d'Armagnac de
se presenter devant elle. Elle vou-

lut

lut même obliger Vardes à me-
nacer cette derniére , en lui disant que si elle ne faisoit revenir Madame de Mekelbourg , il
remettroit entre ses mains les lettres en question ; mais au lieu de
le faire , il se fit valoir de la proposition , ce qui fortifia Madame
dans la pensée qu'elle avoit , que
c'étoit un grand fourbe.

Monsieur l'avoit aussi découvert
par des redittes qu'il avoit faites
entre le Roi & lui ; ainsi il n'osa plus
venir chés Madame que rarement,
& voyant que Madame dans ses
lettres ne lui rendoit pas compte
des conversations fréquentes qu'elle avoit avec le Roi , il commença à croire que le Roi devenoit amoureux d'elle , ce qui le
mit au desespoir.

Dans le même tems on sçut

par

par des lettres de Pologne , que
le Comte de Guiches , après avoir
fait des actions extraordinaires de
valeur , étoit réduit avec l'armée
de Pologne, dans un état d'où il
n'étoit pas possible de se sauver ;
l'on conta cette nouvelle au souper du Roi , Madame en fut si
saisie qu'elle fut heureuse que l'attention que tout le monde avoit pour
la relation , empêchât de remarquer
le trouble où elle étoit.

Madame sortit de table, elle rencontra Vardes , & lui dit , je vois
bien que j'aime le Comte de
Guiches plus que je ne pense ;
cette déclaration jointe aux soupçons qu'il avoit du Roi , lui
firent prendre la résolution de
changer de maniére d'agir avec
Madame.

Je crois qu'il eût rompu incon-

tinent

tinent avec elle, si des considérations
trop fortes ne l'eussent retenu ; il
lui fit des plaintes sur les deux sujets qu'il en avoit ; Madame lui répondit en plaisantant que pour le
Roi, elle lui permettoit le person-
nage de Chabanier, & que pour le
Comte de Guiches, elle lui apren-
droit combien il avoit fait de choses pour le broüiller avec elle, s'il
ne souffroit qu'elle lui fit part de
ce qu'elle sentoit pour lui ; il manda ensuite à Madame, qu'il commençoit à sentir que la Comtesse
de Soissons ne lui étoit pas indif-
ferente. Madame lui répondit que
son nez l'incommoderoit trop dans
son lit, pour qu'il lui fût possible d'y
demeurer ensemble. Depuis ce
tems-là l'intelligence de Madame &
de Vardes étoit fondée plûtôt sur
la considération, que sur aucune

des.

dés raisons qui l'avoient fait naître.
L'on alla cet Eté à Fontainebleau ;
Monsieur, ne pouvant souffrir que
ses deux amies Madame d'Armagnac
& de Montespan fussent excluës de
toutes les parties de plaisir, par la
défense que Madame leur avoit faite
de paroître en sa presence, consentit
que Madame de Mekelbourg rever-
roit Madame, & elles le firent toutes trois avant que la Cour partît de
Paris ; mais les deux premieres ne
rentrerent jamais dans les bonnes
graces de Madame, sur tout Madame
de Montespan.

L'on ne songea qu'à se divertir
à Fontainebleau, & parmi toutes
les Fêtes la dissention des Dames
faisant toûjours quelques affaires,
celle qui fit le plus de bruit vint d'u-
ne Medianox où le Roi pria Madame d'assister ; cette Fête devoit se

N 4 don-

donner sur le Canal , dans un bateau fort éclairé , & accompagné d'autres où étoient les Violons & la Musique.

Jusqu'à ce jour la grossesse de Madame l'avoit empêchée d'être des promenades ; mais se trouvant dans le neuviéme mois , elle fut de toutes ; elle pria le Roi d'en exclure Mesdames d'Armagnac & de Montespan ; mais Monsieur , qui croyoit l'autorité d'un Mari choquée par l'exclusion qu'on donnoit à ses amies , déclara qu'il ne se trouveroit pas aux Fêtes , où ces Dames ne seroient pas.

La Reine Mere qui continuoit à haïr Madame , le fortifia dans cette résolution , & s'emporta fort contre le Roi qui prenoit le parti de Madame. Elle eut le dessus néanmoins , & les Dames ne furent point de

la

la Medianox, dont elles penferent enrager.

La Comteffe de Soiffons, qui depuis long-tems avoit été jaloufe de Madame jufqu'à la folie, ne laiffoit pas de vivre bien avec elle; un jour qu'elle étoit malade, elle pria Madame de l'aller voir, & voulant être éclaircie de fes fentimens pour Vardes, après lui avoir fait beaucoup de proteftations d'amitié, elle reprocha à Madame le commerce que depuis trois ans elle avoit avec Vardes à fon infçu, que fi c'étoit galanterie c'étoit lui faire un tour bien fenfible, & que fi ce n'étoit qu'amitié, elle ne comprenoit pas pourquoi Madame vouloit la lui cacher, fçachant combien elle étoit attachée à fes intérêts.

Comme Madame aimoit extrêmement à tirer fes amies d'embar-

ras

ras, elle dit à la Comtesse, qu'il n'y avoit jamais eu dans le cœur de Vardes aucuns sentimens dont elle pût se plaindre ; la Comtesse pria Madame, puisque cela étoit, de dire devant Vardes, qu'elle ne vouloit plus de commerce avec lui que par elle. Madame y consentit ; on envoya querir Vardes dans le moment ; il fut un peu surpris, mais quand il vit qu'au lieu de chercher à le broüiller, Madame prenoit toutes les fautes sur elle, il vint la remercier, & l'assura qu'il lui seroit toute sa vie redevable des marques de sa générosité.

Mais la Comtesse de Soissons, craignant toûjours qu'on ne lui eût fait quelque finesse, tourna tant Vardes, qu'il se coupa sur deux ou trois choses ; elle en parla à Madame pour s'éclaircir, & lui apprit que Var-

Vardes lui avoit fait une infigne trahifon auprès du Roi , en lui montrant les lettres du Roi d'Angleterre.

Madame ne s'emporta pourtant pas contre Vardes , elle foutint toûjours qu'il étoit innocent envers la Comtefſe , quoiqu'elle fût très-mal-contente de lui ; mais elle ne vouloit pas paroître menteufe , & il falloit le paroître pour dire la vérité.

La Comtefſe dit pourtant tout le contraire à Vardes , ce qui acheva de lui tourner la tête ; il lui avoûa tout , & comment il n'avoit tenu qu'à Madame qu'il ne l'eût vûë de toute fa vie. Jugés dans quel defef-poir fut la Comtefſe. Elle envoya prier Madame de l'aller voir. Madame la trouva dans une douleur inconcevable des trahifons de fon a-mant.

mant. Elle pria Madame de lui dire la
vérité, & lui dit qu'elle voyoit bien
que la raison qui l'en avoit empêchée
étoit une bonté pour Vardes que ses
trahisons ne méritoient pas.

Sur cela elle conta à Madame tout
ce qu'elle sçavoit ; & dans cette con-
frontation, qu'elles firent entr'elles,
elles découvrirent des tromperies qui
passent l'imagination ; la Comtesse
jura qu'elle ne verroit Vardes de sa
vie ; mais que ne peut une violente
inclination ; Vardes joüa si bien la
Comédie qu'il l'appaisa.

Fin de la troisiéme Partie.

QUATRIE'ME PARTIE.

Dans ce tems le Comte de Guiches revint de Pologne; Monsieur souffrit qu'il revint à la Cour ; mais il exigea de son Pere qu'il ne se trouveroit pas dans les lieux où se trouveroit Madame. Il ne laissoit pas de la rencontrer souvent , & de l'aimer en la revoyant , quoique l'absence eût été longue , que Madame eût rompu avec lui , & qu'il fût incertain de ce qu'il devoit croire de l'affaire de Vardes.

Il ne sçavoit plus de moyen de s'éclaircir avec Madame ; Dodoux qui étoit le seul homme en qui il se fioit , n'étoit pas à Fontainebleau; & ce qui acheva de le mettre au desespoir fut que comme Madame sçavoit que le Roi étoit instruit

des

des lettres qu'elle lui avoit écrites
à Nancy, & du portrait qu'il avoit
d'elle, elle les lui fit redemander
par le Roi même, à qui il les rendit avec toute la douleur possible,
& toute l'obéissance qu'il a toûjours euë pour les ordres de Madame.

Cependant Vardes, qui se sentoit
coupable envers son ami, lui em-
broüilla tellement les choses, qu'il
lui pensa faire tourner la tête ; tous
ses raisonnemens lui faisoient connoître qu'il étoit trompé, mais il
ignoroit si Madame avoit part à la
tromperie, ou si Vardes seul étoit
coupable ; son humeur violente ne
le pouvant laisser dans cette inquiétude, il résolut de prendre Madame de Mekelbourg pour juge, &
Vardes la lui nomma comme un
témoin de sa fidélité ; mais il ne le

voulut, qu'à condition que Madame
y confentiroit.

Il lui en écrivit par Vardes pour
l'en prier ; Madame étoit accouchée
de Mademoifelle de Valois, & ne
voyoit encore perfonne ; mais Vardes lui demanda une audience avec
tant d'inftance, qu'elle la lui accorda. Il fe jetta d'abord à genoux
devant elle, il fe mit à pleurer & à
lui demander grace, lui offrant de
cacher, fi elle vouloit être de concert avec lui, tout le commerce qui
avoit été entr'eux.

Madame lui déclara qu'au lieu
d'accepter cette propofition, elle
vouloit que le Comte de Guiches
en fçût la vérité, que comme elle
avoit été trompée, & qu'elle avoit
donné dans des panneaux dont perfonne n'auroit pu fe défendre, elle
ne vouloit pas d'autre juftification

que

que la vérité , au travers de laquelle
on verroit que ſes bontés , entre les
mains de tout autre que de lui , n'auroient pas été tournées comme elles
l'avoient été.

Il voulut enſuite lui donner la
lettre du Comte de Guiches ; mais
elle la refuſa , & elle fit très-bien ,
car Vardes l'avoit déja montrée au
Roi , & lui avoit dit que Madame
le trompoit.

Il pria encore Madame de nommer quelqu'un pour les accommo-
der ; elle conſentit , pour empêcher
qu'ils ne ſe batiſſent , que la paix ſe
fit chés Madame de Mekelbourg ;
mais Madame ne vouloit pas qu'il
parût que cette entrevuë ſe fit de
ſon conſentement. Vardes qui a-
voit eſperé toute autre choſe , fut
dans un deſeſpoir nonpareil , il ſe
coignoit la tête contre les murail-
les ,

lés, il pleuroit & faisoit toutes les extravagances possibles ; mais Madame tint ferme, & ne se relâcha point, dont bien lui prit.

Quand Vardes fut sorti ; le Roi arriva, Madame lui conta comment la chose s'étoit passée, dont le Roi fut si content, qu'il entra en éclaircissement avec elle, & lui promit de l'aider à démêler les fourberies de Vardes, qui se trouverent si excessives qu'il seroit impossible de les définir.

Madame se tira de ce Labirinte en disant toûjours la vérité, & sa sincérité la maintint auprès du Roi.

Le Comte de Guiches cependant étoit très-affligé de ce que Madame n'avoit pas voulu recevoir sa lettre ; il crut qu'elle ne l'aimoit plus, & il prit la résolution de voir Vardes chez Madame de Mekel-

bourg , pour se battre contre lui ;
elle ne les voulut point recevoir ,
de sorte qu'ils demeurerent dans un
état , dont on attendoit tous les
jours quelque éclat horrible.

Le Roi retourna en ce tems à
Vincennes. Le Comte de Guiches ,
qui ne sçavoit dans quels sentimens
Madame étoit pour lui , ne pouvant
plus demeurer dans cette incerti-
tude , résolut de prier la Comtesse
de Grammont , qui étoit Angloise ,
de parler à Madame , & il l'en pres-
sa tant qu'elle y consentit ; son Ma-
ry même se chargea d'une lettre
qu'elle ne voulut pas recevoir ; Madame lui dit que le Comte de
Guiches avoit été amoureux de
Mademoiselle de Grancey , sans
lui avoir fait dire que c'étoit un
prétexte , qu'elle se trouvoit heureuse de n'avoir point d'affaire avec
lui

lui , & que s'il eût agi autrement ,
son inclination & la reconnoissance
l'auroient fait consentir , malgré les
dangers ausquels elle s'exposoit , à
conserver pour lui les sentimens
qu'il auroit pu desirer.

Cette froideur renouvella tellement la passion du Comte
de Guiches , qu'il étoit tous les
jours chés la Comtesse de Grammont , pour la prier de parler à
Madame en sa faveur. Enfin le
hazard lui donna occasion de la parler elle-même plus qu'il ne l'espe-
roit.

Madame de la Vieville donna un
bal chés elle ; Madame fit partie
pour y aller en masque avec Monsieur, & pour n'être pas reconnuë, elle fit habiller magnifiquement ses
Filles, & quelques Dames de sa suite;
& elle, avec Monsieur , alla avec des

 capes

capes , dans un caroſſe emprunté.

Ils trouverent à la porte une troupe de Maſques. Monſieur leur propoſa , ſans les connoître , de s'aſſocier à eux , & en prit un par la main , Madame en fit autant ; jugez qu'elle fut ſa ſurpriſe , quand elle trouva la main eſtropiée du Comte de Guiches , qui reconnut auſſi les ſachets dont les coeffes de Madame étoient parfumées ; peu s'en fallut qu'ils ne jettaſſent un cri tous les deux , tant cette avanture les ſurprit.

Ils étoient l'un & l'autre dans un ſi grand trouble qu'ils monterent l'eſcalier ſans ſe rien dire. Enfin le Comte de Guiches , aiant reconnu Monſieur , & aiant vu qu'il s'étoit allé aſſeoir loin de Madame , s'étoit mis à ſes genoux , & eut le tems non ſeulement de ſe juſtifier , mais d'apprendre

dre

ête de Madame tout ce qui s'étoit passé pendant son absence ; il eut beaucoup de douleur qu'elle eût écouté Vardes ; mais il se trouva si heureux de ce que Madame lui pardonnoit sa ravauderie avec Mademoiselle de Grancey, qu'il ne se plaignit pas.

Monsieur rappella Madame, & le Comte de Guiches, de peur d'être reconnu, sortit le premier ; mais le hazard qui l'avoit amené en ce lieu le fit amuser au bas du degré ; Monsieur étoit un peu inquiet de la conversation que Madame avoit euë, elle s'en apperçut, & la crainte d'être questionnée fit que le pied lui manqua, & du haut de l'escalier elle alla bronchant jusqu'en bas, où étoit le Comte de Guiches, qui, en la retenant, l'empêcha de se tuer, car elle étoit grosse.

Tou-

Toutes chofes fembloient, comme vous voyez, aider à fon racommodement; auffi s'acheva-t-il. Madame reçut enfuite de fes lettres, & un foir que Monfieur étoit allé en mafque, elle le vit chés la Comteffe de Grammont, où elle attendoit Monfieur pour faire Media nox.

Dans ce même tems Madame trouva occafion de fe venger de Vardes. Le Chevalier de Loraine étoit amoureux d'une des Filles de Madame, qui s'appelloit Fiennes; un jour qu'il fe trouva chés la Reine, devant beaucoup de gens, on lui demanda à qui il en vouloit; quelqu'un répondit que c'étoit à Fiennes, Vardes dit qu'il auroit bien mieux fait de s'adreffer à fa Maîtreffe; cela fut rapporté à Madame par le Comte de Grammont, elle

fe

fe le fit raconter par le Marquis de
Villeroi , ne voulant pas nommer
l'autre , & l'aiant engagé dans la chofe , auffi bien que le Chevalier de
L'oraine , elle en fit fes plaintes au
Roi, & le pria de chaffer Vardes.
Le Roi trouva la punition un peu
rude, mais il le promit. Vardes
demanda à n'être mis qu'à la
Baftille , où tout le monde l'alla voir.

Ses amis publierent que le Roi
avoit confenti avec peine à cette
punition, & que Madame n'avoit
pu le faire caffer. Voyant qu'en effet
cela fe trouvoit avantageufement
pour lui, Madame repria le Roi de
l'envoyer à fon Gouvernement ; ce
qu'il lui accorda.

La Comteffe de Soiffons enra-
gée de ce que Madame lui ôtoit
également Vardes , par fa haine

&

& par son amitié , & son dépit aiant augmenté par la hauteur avec laquelle toute la jeunesse de la Cour avoit soutenu que Vardes étoit punissable, elle résolut de s'en venger sur le Comte de Guiches.

Elle dit au Roi que Madame avoit fait ce sacrifice au Comte de Guiches, & qu'il auroit regret d'avoir servi sa haine, s'il sçavoit tout ce que le Comte de Guiches avoit fait contre lui.

Montalais, qu'une fausse générosité faisoit souvent agir , écrivit à Vardes , que s'il vouloit s'abandonner à sa conduite elle auroit trois lettres qui pouvoient le tirer d'affaire; il n'accepta pas le parti; mais la Comtesse de Soissons , se servit de la connoissance de ces lettres pour obliger le Roi ,

à

à perdre le Comte de Guiches : elle accusa le Comte d'avoir voulu
livrer Dunquerke aux Anglois , &
d'avoir offert à Madame le Regi-
ment des Gardes ; elle eut l'impru-
dence de mêler à tout cela la lettre
d'Espagne ; heureusement le Roi
parla à Madame de tout ceci , il
lui parut d'une telle rage contre
le Comte de Guiches , & si obligé
à la Comtesse de Soissons , que Madame se vit dans la nécessité de perdre tous les deux pour ne pas voir
la Comtesse de Soissons sur le Trône , aprés avoir accablé le Comte de Guiches. Madame fit pourtant promettre au Roi qu'il par-
donneroit au Comte de Guiches ,
si elle lui pouvoit prouver que ses
fautes étoient petites en comparai-
son de celles de Vardes & de la
Comtesse de Soissons ; le Roi le

P   lui

lui promit, & Madame lui conta tout ce qu'elle sçavoit. Ils conclurent ensemble qu'il chasseroit la Comtesse de Soissons, & qu'il mettroit Vardes en prison. Madame avertit le Comte de Guiches en diligence par le Maréchal de Grammont, & lui conseilla d'avoüer sincérement toutes choses, aiant trouvé que dans toutes les matiéres embroüillées la verité seule tire les gens d'affaire : quelque délicat que cela fût, le Comte de Guiches en remercia Madame, & sur cette affaire ils n'eurent de commerce que par le Maréchal de Grammont ; la régularité fut si grande de part & d'autre qu'ils ne se couperent jamais, & le Roi ne s'aperçût point de ce concert. Il envoya prier Montalais de lui dire la verité, vous sçaurez ce détail d'elle, je vous dirai

dirai seulement que le Maréchal ,
qui n'avoit tenu que par miracle
une aussi bonne conduite que celle
qu'il avoit eûë , ne pût long-tems
se démentir , & son effroi lui fit
envoyer son fils en Hollande , qui
n'auroit pas été chassé s'il eût tenu
bon.

Il en fut si affligé qu'il en tomba malade ; son Pere ne laissa pas
de le presser de partir ; Madame ne
vouloit pas qu'il lui dit adieu , parce qu'elle sçavoit qu'on l'observoit ,
& qu'elle n'étoit plus dans cet âge
où ce qui étoit périlleux , lui paroissoit plus agréable ; mais comme
le Comte de Guiches ne pouvoit
partir sans voir Madame , il se fit
faire un habit de livrées de la Valiére , & comme on portoit Madame en Chaise dans le Louvre , il
eut la liberté de lui parler.   Enfin

le jour du départ arriva ; le Comte avoit toûjours la fiévre , il ne laiſſa pas de ſe trouver dans la ruë avec ſon déguiſement ordinaire ; mais les forces lui manquerent quand il lui falut prendre le dernier congé. Il tomba évanoüi , & Madame reſta dans la douleur de le voir dans cet état , au hazard d'être reconnu , ou de demeurer ſans ſecours. Depuis ce tems là Madame ne l'a point revu.

Madame étoit revenuë d'Angleterre avec toute la gloire & le plaiſir que peut donner un voyage cauſé par l'amitié , & ſuivi d'un bon ſuccés dans les affaires. Le Roi ſon Frere , qu'elle aimoit chérement , lui avoit témoigné une tendreſſe & une conſidération extraordinaire ; on ſavoit quoi-que trés-confuſément , que la négotiation

dont

d'ont elle se mêloit , étoit sur le
point de se conclure ; elle se voyoit
à vingt - six ans le lien des deux
plus grands Rois de ce siécle ; elle
avoit entre les mains un Traité
d'où dépendoit le sort d'une partie de l'Europe ; le plaisir & la con-
sideration que donnent les affaires se joignant en elle aux agré-
mens que donne la jeunesse &
la beauté , il y avoit une grace &
une douceur répandue dans toute
sa personne , qui lui attiroient une
sorte d'hommage , qui lui devoit
être d'autant plus agréable , qu'on
le rendoit plus à la personne qu'au
rang.

Cet état de bonheur étoit troublé par l'éloignement où Monsieur étoit pour elle depuis l'affaire du Chevalier de Loraine ;
mais , selon toutes les apparences ,

 les

les bonnes graces du Roi lui euffent fourni les moiens de fortir de
cet embaras ; enfin elle étoit dans la
plus agréable fituation où elle fe fût
jamais ttouvée , lorfqu'une mort ,
moins attenduë qu'un coup de ton-
nerre , termina une fi belle vie , &
priva la France de la plus aimable
Princeffe qui vivra jamais.

RELATION DE LA MORT
DE MADAME.

Le 24 Juin de l'année 1670 ,
huit jours après fon retour d'Angleterre , Monfieur & elle allérent à
Saint Cloud. Le premier jour qu'elle y alla , elle fe plaignit d'un mal
de côté , & d'une douleur dans
l'eftomac à laquelle elle étoit fu-
jette ; néanmoins comme il faifoit
extrêmement chaud , elle voulut fe
bai-

baigner dans la Riviére ; Monſieur Gueſlin, ſon premier Médecin, fit tout ce qu'il pût pour l'en empê- cher, mais quoi qu'il lui pût dire elle ſe baigna le Vendredi & le Sa- medi elle s'en trouva ſi mal qu'el- le ne ſe baigna point. J'arrivai à Saint Cloud le Samedi à dix heures du ſoir ; je la trouvai dans les jar- dins, elle me dit que je lui trouve- rois mauvais viſage & qu'elle ne ſe portoit pas bien ; elle avoit ſoupé comme à ſon ordinaire, & elle ſe promena au clair de la Lune juſ- qu'à minuit. Le lendemain, Diman- che 29. Juin, elle ſe leva de bonne heure, & deſcendit chez Monſieur qui ſe baignoit ; elle fut long-tems auprès de lui, & en ſortant de ſa Chambre, elle entra dans la mien- ne, & me fit l'honneur de me dire qu'elle avoit bien paſſé la nuit.

P 4

Un

Un moment aprés je montai ehés elle. Elle me dit qu'elle étoit chagrine , & la mauvaise humeur dont elle parloit auroit fait les belles heures des autres femmes , tant elle avoit de douceur naturelle , & tant elle étoit peu capable d'aigreur & de colére.

Comme elle me parloit , on lui vint dire que la Messe étoit prête. Elle l'alla entendre , & en revenant dans sa chambre , elle s'apuia sur moi , & me dit avec cet air de bonté qui lui étoit si particulier , qu'elle ne seroit pas de si méchante humeur si elle pouvoit causer avec moi : mais qu'elle étoit si lâsse de toutes les personnes qui l'environnoient qu'elle ne les pouvoit plus supporter.

Elle alla ensuite voir peindre Mademoiselle , dont un excellent peintre

tre Anglois faifoit le portrait , & elle fe mit à parler à Madame d'Ef-
pernon & à moi de fon voyage
d'Angleterre & du Roi fon Frere.

Cette converfation qui lui plaifoit lui redonna de la joie , on fer-
vit le Dîner , elle mangea comme
à fon ordinaire , & après le Dîner
elle fe coucha fur des carreaux ; ce
qu'elle faifoit affés fouvent lorfqu'elle étoit en liberté ; elle m'a-
voit fait mettre auprès d'elle , en-
forte que fa tête étoit quafi fur
moi.

Le même peintre Anglois pei-
gnoit Monfieur , on parloit de toutes fortes de chofes , & cependant
elle s'endormit. Pendant fon fom-
meil elle changea fi confidéra-
blement , qu'après l'avoir long-tems
regardée j'en fus furprife , & je
penfai qu'il faloit que fon efprit

con-

contribuât fort à parer son visage ; puisqu'il le rendoit si agréable , lorsqu'elle étoit éveillée , &
qu'elle l'étoit si peu quand elle
étoit endormie ; j'avois tort néanmoins de faire cette réflexion , car je
l'avois vuë dormir plusieurs fois , &
je ne l'avois pas vuë moins aimable.

Aprés qu'elle fut éveillée elle se leva du lieu où elle étoit ; mais avec un
si mauvais visage , que Monsieur en
fut surpris & me le fit remarquer.

Elle s'en alla ensuite dans le Sa-
lon où elle se promena quelque-
tems avec Boisfranc , Tresorier de
Monsieur , & en lui parlant elle se
plaignit plusieurs fois de son mal de
côté.

Monsieur descendit pour aller
à Paris , où il avoit résolu d'aller ; il trouva Madame de Mekelbourg sur le degré , & remonta
avec

avec elle ; Madame quitta Boisfranc, & vint à Madame de Mekelbourg ; comme elle parloit à elle,
Madame de Gamaches lui apporta,
aussi bien qu'à moi, un verre d'eau
de chicorée, qu'elle avoit demandé
il y avoit déja quelque-tems, Madame de Gourdon, sa Dame d'a-
tour, le lui presenta. Elle le but, &
en remettant d'une main la tasse sur
la soucouppe, de l'autre elle se prit le
côté, & dit avec un ton qui marquoit beaucoup de douleur, ah, quel
point de côté, ah, quel mal, je n'en
puis plus.

Elle rougit en prononçant ces paroles, & dans le moment d'après elle pâlit d'une pâleur livide qui nous
surprit tous ; elle continua de crier,
& dît qu'on l'emportât comme ne
pouvant plus se soutenir.

Nous la prîmes sous les bras, elle

mar-

marchoit à peine, & toute courbée,
on la deshabilla dans un inſtant, je
la ſoutenois pendant qu'on la déla-
çoit ; elle ſe plaignoit toûjours, &
je remarquai qu'elle avoit les larmes aux yeux ; j'en fus étonnée &
attendrie, car je la connoiſſois pour
la perſonne du monde la plus pa-
tiente.

Je lui dis, en lui baiſant les
bras que je ſoutenois, qu'il faloit qu'elle ſouffrit beaucoup, elle
me dît que cela étoit inconcevable, on la mît au lit, & ſitôt qu'elle
y fut, elle cria encore plus qu'elle n'avoit fait, & ſe jetta d'un
côté & d'un autre, comme une
perſonne qui ſouffroit infiniment ;
on alla en même-tems appeller ſon
premier Médecin Monſieur Eſprit ;
il vint, & dît que c'étoit la colique, & ordonna les remédes ordinaires

naires à de semblables maux ; cependant les douleurs étoient inconcevables , Madame dit que son
mal étoit plus considérable qu'on
ne pensoit , qu'elle alloit mourir ,
qu'on lui allât querir un Confesseur.

Monsieur étoit devant son lit
elle l'embrassa , & lui dît avec une
douceur , & un air capable d'atten-
drir les cœurs les plus barbares ,
hélas , Monsieur , vous ne m'aimez
plus il y a long-tems , mais cela
est injuste , je ne vous ai jamais manqué ; Monsieur parut fort touché , &
tout ce qui étoit dans sa chambre
l'étoit tellement , qu'on n'entendoit
plus que le bruit que font des personnes qui pleurent.

Tout ce que je viens de dire s'é-
toit passé en moins d'une demie-
heure , Madame crioit toûjours
qu'el-

qu'elle fentoit des douleurs terri-
bles dans le creux de l'eſtomac ;
tout d'un coup elle dît qu'on re-
gardât à cette eau , qu'elle avoit
buë , que c'étoit du poiſon , qu'on
avoit peut-être pris une bouteille
pour l'autre , qu'elle étoit empoiſonnée , qu'elle le fentoit bien , &
qu'on lui donnât du contre-poi-
ſon.

J'étois dans la ruelle auprès de
Monſieur , & quoique je le cruſſe
fort incapable d'un pareil crime ,
un étonnement ordinaire à la ma-
lignité humaine me le fit obſerver
avec attention , il ne fut ni ému ni
embaraſſé de l'opinion de Madame ,
il dît qu'il faloit donner de cette eau
à un chien , il opina comme Madame qu'on allât querir de l'huille
& du contrepoiſon pour ôter à Madame une penſée ſi fâcheuſe ; Madame

dame Desbordes , sa premiere femme de chambre , qui étoit absolument à elle , lui dit qu'elle avoit fait l'eau , & en but ; mais Madame persevera toûjours à vouloir de l'huile & du contrepoison , on lui donna l'un & l'autre. Ste. Foi , premier Valet de chambre de Monsieur , lui apporta de la poudre de Vipére , elle lui dit qu'elle la prenoit de sa main , parce qu'elle se fioit à lui , on lui fit prendre plusieurs drogues dans cette pensée de poison , & peut-être plus propres à lui faire du mal , qu'à la soulager, ce qu'on lui donna la fit vomir , elle en avoit déja eu envie plusieurs fois avant que d'avoir rien pris , mais ses vomissemens ne furent qu'imparfaits , & ne lui firent jetter que quelques flegmes , & une partie de la nouriture qu'elle avoit prise ;

l'agi-

l'agitation de ces remédes , & les ex-
ceffives douleurs qu'elle fouffroit ,
la mirent dans un abbatement qui
nous parut du repos ; mais elle nous
dit qu'il ne falloit pas fe tromper ,
que fes douleurs étoient toûjours
égales , qu'elle n'avoit plus la force de crier, & qu'il n'y avoit point
de remede à fon mal.

Il fembla qu'elle avoit une certitude entiére de fa mort , & qu'elle
s'y réfolut comme à une chofe indifférente ; felon toutes les apparences la penfée du poifon étoit établie dans fon efprit , & voyant que
les remédes avoient été inutiles elle
ne fongeoit plus à la vie , & ne pen-
foit qu'à fouffrir fes douleurs avec
patience. Elle commença à avoir
beaucoup d'apprehenfion , Monfieur appella Madame de Gamaches,
pour tâter fon poux , les Médecins
n'y

n'y pensoient pas , elle sortit de la ruelle épouvantée , & nous dit qu'elle n'en trouvoit point à Madame , & qu'elle avoit toutes les extrêmités froides ; cela nous fit peur , Monsieur en parut effrayé. Monsieur Esprit dit que c'étoit un accident ordinaire à la colique , & qu'il répondoit de Madame. Monsieur se mit en colere , & dit qu'il lui avoit répondu de Monsieur de Valois , & qu'il étoit mort , qu'il lui répondoit de Madame , & qu'elle mourroit encore.

Cependant le Curé de S. Cloud qu'elle avoit mandé étoit venu , Monsieur me fit l'honneur de me demander si on parleroit à ce Confesseur , je la trouvois fort mal , il me sembloit que ses douleurs n'étoient point celles d'une colique ordinaire ; mais néanmoins j'étois bien

Q

éloignée

éloignée de prévoir ce qui devoit arriver , & je n'attribuois les penfées qui me venoient dans l'efprit qu'à l'intérêt que je prenois à fa vie.

Je répondis à Monfieur qu'une confeffion faite dans la vuë de la mort , ne pouvoit être que très-utile , & Monfieur m'ordonna de lui aller dire que le Curé de St. Cloud étoit venu. Je le fuppliai de m'en difpenfer , & je lui dis que comme elle l'avoit demandé il n'y avoit qu'à le faire entrer dans fa chambre. Monfieur s'approcha de fon lit , & d'elle-même elle me redemanda un Confeffeur , mais fans paroître effrayée , & comme une perfonne qui fongeoit aux feules chofes qui lui étoient néceffaires dans l'état où elle étoit.

Une de fes premiéres femmes de

Cham-

Chambre étoit paſſée à ſon chevet
pour la ſoutenir , elle ne voulut
point qu'elle s'ôtât , & ſe confeſſa
devant elle ; après que le Confeſ-
ſeur ſe fut retiré , Monſieur s'approcha de ſon lit ; elle lui dit
quelques mots aſſés bas que nous
n'entendîmes point , & cela nous
parut encore quelque choſe de doux
& d'obligeant.

L'on avoit fort parlé de la ſaigner,
mais elle ſouhaitoit que ce fût du
pied , Monſieur Eſprit vouloit que
ce fût du bras ; enfin il détermina
qu'il le faloit ainſi : Monſieur
vint le dire à Madame , comme
une choſe à quoi elle auroit peut-
être de la peine à ſe réſoudre ,
mais elle répondit qu'elle vouloit
tout ce qu'on ſouhaitoit , que tout
lui étoit indifferent , & qu'elle ſen-
toit bien qu'elle n'en pouvoit reve-

Q 2   nir

nir , nous écoutions ces paroles comme des effets d'une douleur violente, qu'elle n'avoit jamais sortie , & qui lui faisoit croire qu'elle alloit mourir.

Il n'y avoit pas plus de trois heures qu'elle se trouvoit mal. Guellin que l'on avoit envoyé querir à Paris , arriva avec Monsieur Valet , qu'on avoit envoyé chercher à Versailles. Si-tôt que Madame vit Guellin , en qui elle avoit beaucoup de confiance , elle lui dit qu'elle étoit bien aise de le voir , qu'elle étoit empoisonnée , & qu'il la traitât sur ce fondement. Je ne sçai s'il le crût, & s'il fut persuadé qu'il n'y avoit point de reméde , ou s'il s'imagina qu'elle se trompoit, & que son mal n'étoit pas dangereux ; mais enfin il agit comme un homme qui n'avoit plus d'esperance , ou qui ne voyoit

point

point de danger. Il consulta avec
Monsieur Valet, & avec Monsieur
Esprit, & après une conference affés longue, ils vinrent tous trois trouver Monsieur, & l'assûrerent sur leur
vie qu'il n'y avoit point de danger.
Monsieur vint le dire à Madame,
elle lui dit qu'elle connoissoit mieux
son mal que le Médecin, & qu'il
n'y avoit point de reméde ; mais
elle dit cela avec la même tranquil-
lité & la même douceur, que si elle
eût parlé d'une chose indifférente.

Monsieur le Prince la vint voir,
elle lui dit qu'elle se mourroit.
Tout ce qui étoit auprès d'elle reprit la parole pour lui dire ; qu'elle n'étoit pas en cet état ; mais elle témoigna quelque sorte d'impatience de mourir pour être délivrée
des douleurs qu'elle souffroit, il
sembloit néanmoins que la saignée

l'eût

l'eût soulagée ; on la crût mieux ,
Monsieur Valet s'en retourna à
Versailles sur les neuf heures & demie , & nous demeurâmes autour
de son lit à causer , la croiant sans
aucun péril , on étoit quasi conso-
lé des douleurs qu'elle avoit souf-
fertes , esperant que l'état où elle
avoit été serviroit à son racommodement avec Monsieur ; il en paroissoit touché , & Madame d'Esper-
non & moi , qui avions entendu ce
qu'elle avoit dit , nous prenions plaisir à lui faire remarquer le prix de ses
paroles.

Monsieur Valet avoit ordonné un
lavement avec du Séné , elle l'avoit
pris, & quoique nous n'entendissions
guéres la Médecine , nous jugions
bien néanmoins qu'elle ne pouvoit
sortir de l'état où elle étoit que par
une évacuation. La nature tendoit à

sa

sa fin par en haut, elle avoit des envies continuelles de vomir; mais on ne lui donnoit rien pour lui aider.

Dieu aveugloit les Médecins, & ne vouloit pas même qu'ils tentassent des remédes capables de retarder une mort, qu'il vouloit rendre terrible. Elle entendit que nous disions qu'elle étoit mieux, & que nous attendions l'effet de ce reméde avec impatience : cela est si peu véritable, nous dit-elle, que si je n'étois pas Chrétienne, je me tuërois, tant mes douleurs sont excessives : il ne faut point souhaiter de mal à personne, ajoûta-t'elle, mais je voudrois bien que quelqu'un pût sentir un moment ce que je souffre, pour connoître de quelle nature sont mes douleurs.

Cependant ce reméde ne faisoit rien, l'inquiétude nous en prit, on

apella

appella Monsieur Esprit , & Monsieur Gueslin , ils dirent qu'il faloit encore attendre ; elle répondit que si on sentoit ses douleurs on n'attendroit pas si paisiblement : on fut deux heures entiéres sur l'attente de ce reméde , qui furent les derniéres où elle pouvoit recevoir du secours. Elle avoit pris quantité de remédes ; on avoit gâté son lit , elle voulut en changer , & on lui en fit un petit dans sa ruélle , elle y alla sans qu'on l'y portât , & fit même le tour par l'autre ruélle , pour ne pas se mettre dans l'endroit de son lit qui étoit gâté. Lorsqu'elle fut dans ce petit lit , soit qu'elle expirât véritablement , soit qu'on la vit mieux , parce qu'elle avoit les bougies au visage , elle nous parut beaucoup plus mal , les Médecins voulurent la voir de près ; & lui

apporaporterent un flambeau, elle les avoit toûjours fait ôter, depuis qu'elle s'é-toit trouvée mal.

Monsieur lui demanda si on ne l'in-commodoit point, ah, non Monsieur, lui dit-elle, rien ne m'incommode plus, je ne serai pas en vie demain ma-tin, vous le verrez. On lui donna un boüillon, parce qu'elle n'avoit rien pris depuis son dîner; si-tôt qu'elle l'eût avalé, ses douleurs redoublerent, & devinrent aussi violentes qu'elles l'avoient été, lorsqu'elle avoit pris le verre de chicorée. La mort se peignit sur son visage, & on la voioit dans des souffrances cruelles, sans néanmoins qu'elle parût agitée.

Le Roi avoit envoié plusieurs fois sçavoir de ses nouvelles, & elle lui avoit toûjours mandé qu'elle se mouroit; ceux qui l'avoient vûë lui avoient dit qu'en effet elle étoit

 très-

très mal; & Monsieur de Crequi, qui
avoit passé à S. Cloud en allant à Versailles, dit au Roi, qu'il la croioit en
grand péril, desorte que le Roi voulut la venir voir, & arriva à S. Cloud
sur les onze heures.

Lorsque le Roi arriva, Madame
étoit dans ce redoublement de douleurs, que lui avoit causé le boüillon; il sembla que les Médecins furent éclairez par sa présence, il les
prit en particulier pour sçavoir ce
qu'ils en pensoient, & ces mêmes Médecins, qui deux heures auparavant
en répondoient sur leur vie, & qui
trouvoient que les extrémitez froides
n'étoient qu'un accident de la colique, commencerent à dire qu'elle
étoit sans espérance, que cette froideur & ce poux retiré étoient une
marque de Cangrêne, & qu'il faloit
lui faire recevoir Nôtre-Seigneur.

La

La Reine, & la Comtesse de Soissons étoient venuës avec le Roi ; Madame de la Valiére & Madame de Montespan étoient venuës ensemble ; je parlois à elle , Monsieur m'apella , & me dit en pleurant ce que ces Médecins venoient de dire ; je fus surprise & touchée comme je le devois, & je répondis à Monsieur que les Médecins avoient perdu l'esprit , & qu'ils ne pensoient ni à sa vie , ni à son salut , qu'elle n'avoit parlé qu'un quart-d'heure au Curé de Saint Cloud , & qu'il falloit lui envoyer quelqu'un , Monsieur me dit qu'il alloit envoyer chercher Monsieur de Condom , je trouvai qu'on ne pouvoit mieux choisir , mais qu'en attendant il falloit avoir Monsieur Feuillet Chanoine, dont le mérite est connu.

Cependant le Roi étoit auprés

de Madame. Elle lui dit qu'il perdoit la plus véritable servante qu'il auroit jamais; il lui dit qu'elle n'étoit pas en si grand péril, mais qu'il étoit étonné de sa fermeté, & qu'il la trouvoit grande; elle lui repliqua qu'il sçavoit bien qu'elle n'avoit jamais craint la mort; mais qu'elle avoit craint de perdre ses bonnes graces.

Ensuite le Roi lui parla de Dieu, il revint après dans l'endroit où étoient les Médecins; il me trouva desesperée de ce qu'ils ne lui donnoient point de remédes, & sur tout l'émétique; il me fit l'honneur de me dire qu'ils avoient perdu la tramontane, qu'ils ne sçavoient ce qu'ils faisoient, & qu'il alloit essayer de leur remettre l'esprit. Il leur parla, & se raprocha du lit de Madame, & lui dit qu'il n'étoit pas Médecin, mais qu'il venoit de proposer tren-

te

te remédes aux Médecins, ils répon-
dirent qu'il falloit attendre. Madame
prit la parole & dit qu'il faloit mourir par les formes.

Le Roi voyant que selon les apa-
rences il n'y avoit rien à esperer, lui
dit adieu en pleurant. Elle lui dit
qu'elle le prioit de ne point pleurer,
qu'il l'attendrissoit, & que la premiére nouvelle qu'il auroit le lendemain seroit celle de sa mort.

Le Maréchal de Gremmont s'aprocha de son lit. Elle lui dit qu'il perdoit une bonne amie, qu'elle alloit
mourir, & qu'elle avoit crû d'abord
être empoisonnée par méprise.

Lorsque le Roi se fut retiré, j'é-
tois auprès de son lit, elle me dit
Madame de la Fayette mon nez s'est
déja retiré, je ne lui répondis qu'a-
vec des larmes, car ce qu'elle me disoit étoit véritable, & je n'y avois

pas encore pris garde ; on la remit
ensuite dans son grand lit , le hoquet
lui prit. Elle dit à Monsieur Esprit ,
que c'étoit le hoquet de la mort ; elle
avoit déja demandé plusieurs fois
quand elle mouroit , elle le deman-
doit encore, & quoi-qu'on lui répondit comme à une personne qui n'en
étoit pas proche , on voioit bien
qu'elle n'avoit aucune esperance.

Elle ne tourna jamais son esprit du
côté de la vie, jamais un mot de réfle-
ction sur la cruauté de sa destinée qui
l'enlevoit dans le plus beau de son
âge , point de questions aux Médecins pour s'informer s'il étoit possible
de la sauver , point d'ardeur pour les
remédes , qu'autant que la violence
de ses douleurs lui en faisoit desirer ,
une contenance paisible au milieu de
la certitude de la mort , de l'opinion
du poison , & de ses souffrances qui

étoient

étoient cruelles, enfin un courage dont
on ne peut donner d'exemple, & qu'on
ne sçauroit bien representer.

Le Roi s'en alla, & les Médecins
déclarerent qu'il n'y avoit aucune esperance. Monsieur Feuillet vint, il
parla à Madame avec une austérité
entiére; mais il la trouva dans des dispositions qui alloient aussi loin que
son austérité. Elle eût quelque scru-
pule que ses Confessions passées n'eussent été nulles, & pria Monsieur Feuillet de lui aider à en faire une générale; Elle la fit avec de grands sentimens de piété, & de grandes résolu-
tions de vivre en Chrétienne, si Dieu
lui redonnoit la santé.

Je m'aprochai de son lit après sa
Confession; Monsieur Feuillet étoit
auprès d'elle, & un Capucin son
Confesseur ordinaire; ce bon Pere
vouloit lui parler, & se jettoit dans

R 4

des

des diſcours qui la fatiguoient : elle
me regarda avec des yeux qui faiſoient
entendre ce qu'elle penſoit , & puis
les retournant ſur ce Capucin , laiſſez
parler Monſieur Feuillet mon Pere ,
lui dit-elle , avec une douceur admirable , comme ſi elle eût craint de le
fâcher , vous parlerez à vôtre tour.

L'Ambaſſadeur d'Angleterre arriva dans ce moment , ſi-tôt qu'elle
le vit , elle lui parla du Roi ſon Frere,
& de la douleur qu'il auroit de ſa mort;
elle en avoit déja parlé pluſieurs fois
dans le commencement de ſon mal.
Elle le pria de lui mander qu'il perdoit la perſonne du monde qui l'aimoit le mieux , enſuite l'Ambaſſadeur lui demanda ſi elle étoit empoiſonnée ; je ne ſçai ſi elle lui dit qu'elle l'étoit , mais je ſçai bien qu'elle
lui dit , qu'il n'en faloit rien mander
au Roi ſon Frere , qu'il faloit lui
épar-

épargner cette douleur, & qu'il faloit
fur tout qu'il ne fongeât point à en
tirer vengeance, que le Roi n'en é-
toit point coupable, qu'il ne faloit
point s'en prendre à lui.

Elle difoit toutes ces chofes en Anglois, & comme le mot de poifon
eft commun à la langue Françoife &
à l'Angloife, Mr Feuillet l'entendit,
& interompit la converfation, difant
qu'il faloit facrifier fa vie à Dieu, &
ne pas penfer à autre chofe.

Elle reçût Nôtre-Seigneur, enfuite
Monfieur s'étant retiré, elle demanda
fi elle ne le verroit plus, on l'alla quérir; il vint l'embraffer en pleurant, elle
le pria de fe retirer, & lui dit qu'il
l'attendrifloit.

Cependant elle diminuoit toûjours, & elle avoit de tems en tems
des foibleffes qui attaquoient le
Cœur. Monfieur Brager excellent

Méde-

Médecin arriva. Il n'en defespera
pas d'abord , il se mit à confulter
avec les autres Médecins , Madame les fit apeller , ils dirent qu'on
les laiffât un peu enfemble ; mais
elle les renvoia encore quérir , ils
allerent auprès de fon lit ; on avoit
parlé d'une faignée au pied , fi on
la veut faire , dit elle , il n'y a pas dé
tems à perdre , ma tête s'embaraffe ,
& mon eftomac fe remplit.

Ils demeurerent furpris d'une fi
grande fermeté , & voiant qu'elle
continuoit à vouloir la faignée , ils la
firent faire ; mais il ne vint point
de fang , & il en étoit très-peu
venu de la premiere qu'on avoit
faite. Elle penfa expirer pendant
que fon pied fut dans l'eau , les
Médecins lui dirent qu'ils alloient
faire un reméde ; mais elle répondit qu'elle vouloit l'Extrême-On-
ction.

ction avant que de rien prendre.

Monsieur de Condom arriva comme elle la recevoit ; il lui parla de Dieu , conformément à l'état où elle étoit, & avec cette éloquence , & cet esprit de Religion , qui paroît dans tous ses discours ; il lui fit faire les actes qu'il jugea nécessaires , elle entra dans tout ce qu'il lui dit , avec un zéle & une presence d'esprit admirable.

Comme il parloit , sa premiere femme de Chambre s'aprocha d'elle, pour lui donner quelque chose dont elle avoit besoin , elle lui dit en Anglois , afin que Monsieur de Condom ne l'entendit pas , conservant jusqu'à la mort la politesse de son esprit, donnez à Monsieur de Condom, lorsque je serai morte , l'émeraude que j'avois fait faire pour lui.

Comme il continuoit à lui parler de

de Dieu, il lui prit une espece d'envie de dormir, qui n'étoit en effet qu'une défaillance de la Nature. Elle lui demanda si elle ne pouvoit pas prendre quelques momens de repos, il lui dit qu'elle le pouvoit, & qu'il alloit prier Dieu pour elle.

Monsieur Feuillet demeura au chevet de son lit, & quasi dans le même moment, Madame lui dit de rapeller Monsieur de Condom, & qu'elle sentoit bien qu'elle alloit expirer. Monsieur de Condom se raprocha, & lui donna le Crucifix, elle le prit & l'embrassa avec ardeur ; Monsieur de Condom lui parloit toûjours, & elle lui répondoit avec le même jugement, que si elle n'eût pas été malade, tenant toûjours le Crucifix attaché sur sa bouche, la mort seule le lui fit abandonner.

Les

Les forces lui manquerent, elle le laiffa tomber, & perdit la parole & la
vie quafi en même-tems; fon agonie
n'eut qu'un moment, & après deux
ou trois petits mouvemens convulfifs
dans la bouche, elle expira à deux
heures & demie du matin, & neuf
heures aprés avoir commencé à fe
trouver mal.

On a crû faire plaifir au Lecteur d'ajoû-
ter à cette Hiftoire les piéces fuivantes.

A Paris le 30. Juin 1670. à 4.
heures du matin.

* MYLORD,

JE fuis bien fâché de me voir
dans l'obligation, en vertu de
mon emploi, de vous rendre compte

de

** Cette Lettre eft écrite au Comte*
d'Arlington alors Sécretaire d'Etat
de Charles II Roi d'Angleterre, par
Mr Montaigu fon Ambaffadeur à
Paris, mort depuis Duc de Montaigu.

de la plus triste avanture du monde. *Madame* étant à *Saint Clou*, le
29. du Courant, avec beaucoup
de Compagnie, demanda sur les
cinq heures du soir, un verre d'eau
de chicorée qu'on lui avoit ordonné de boire, parce qu'elle s'é-
toit trouvée indisposée pendant
deux ou trois jours, après s'ê-
tre baignée. Elle ne l'eut pas plutôt bû, qu'elle s'écria qu'elle étoit
morte, & tombant entre les bras
de Madame de *Mekelbourg*, elle
demanda un Confesseur. Elle continua dans les plus grandes douleurs qu'on puisse s'imaginer, jufqu'à trois heures du matin, qu'elle rendit l'esprit. Le Roi, la
Reine, & toute la Cour reste-
rent auprès d'elle jusqu'à une heure
avant sa mort. Dieu veuille donner
de la patience & de la constance au

Roi

Roi nôtre Maître pour supporter une affliction de cette nature. *Madame* a déclaré en mourant qu'elle n'avoit nul autre regret en sortant du Monde , que celui que lui causoit la douleur qu'en recevroit le Roi son Frere ; s'étant trouvée un peu soulagée de ses grandes douleurs , que les Médecins nomment *Colique bilieuse* , elle me fit appeller , pour m'ordonner de dire de sa part les choses du monde les plus tendres , au Roi & au Duc de *York* ses Freres. J'arrivai à *Saint Cloud* une heure après qu'elle s'y fut trouvée mal , & je restai jusqu'à sa mort auprès d'elle. Jamais personne n'a manqué plus de piété , & de résolution que cette Princesse , qui a conservé son bon sens jusqu'au dernier moment. Je me flâte que la douleur où je suis

vous

vous fera excuser les imperfections que vous trouverez dans cette relation. Je suis persuadé que tous ceux qui ont eu l'honneur de connoître *Madame*, partageront avec moi l'affliction que doit causer une perte pareille. *Je suis, Mylord,* &c.

*Extrait d'une * Lettre écrite de White-hall le † 28. Juin 1670.*

MYLORD,

JE vous ai écrit toutes les nouvelles que nous avons ici, à l'exception de celle de la mort de *Madame*, dont le Roi est extrêmement affligé, aussi bien que toutes les personnes qui ont eu l'honneur de la connoître à *Douvres.* Les broüilleries

ries

** Cette Lettre fut écrite par le Comte d'Arlington à Monsieur le Chevalier Temple, alors Ambassadeur d'Angleterre, à la Haye. † V. Stile.*

ries de ses Domestiques, & sa mort
subite, nous avoient d'abord fait croire qu'elle avoit été empoisonnée :
mais la connoissance qu'on nous a
donnée depuis, du soin qu'on a pris
d'examiner son Corps, & les sentimens que nous aprenons qu'en a Sa
Majesté *Très-Chrétienne*, laquelle a
intérêt d'examiner cette affaire à
fond, & qui est persuadée qu'elle est
morte d'une mort naturelle, a levé la
plus grande partie des soupçons que
nous en avions. Je ne doute pas
que Monsieur le Maréchal de Bellefonds, que j'apprens qui vient d'arriver, avec ordre de donner au Roi,
une relation particuliere de cet accident fatal, & qui nous apporte le
procés Verbal de la mort de cette
Princesse, & de la dissection de
son Corps, signé des principaux
Médecins & Chirurgiens de *Pa-*

ris, ne nous convainque pleinement,
que nous n'avons rien à regretter que
la perte de cette admirable Princesse,
sans qu'elle soit accompagnée d'au-
cunes circonstances odieuses, pour
rendre nôtre douleur moins sup-
portable.

A Paris le 6. Juillet 1670.

* MYLORD,

J'Ai reçu les lettres de Vôtre Grandeur, celle du 17. Juin par Monsieur le Chevalier *Jones*, & celle du
23. par la Poste. Je suppose que Monsieur le Maréchal de *Bellefonds* est arrivé à *Londres* ; outre le compliment
de Condoléance qu'il va faire au Roi,
il tâchera, à ce que je croi, de desa-
buser

* *Cette Lettre est de Monsieur
Montaign Ambassadeur d'Angleterre, au Comte d'Arlington.*

buſer nôtre Cour de l'opinion que
Madame ait été empoiſonnée, dont
on ne pourra jamais deſabuſer celle-
ci, ni tout le peuple. Comme cette
Princeſſe s'en eſt plainte pluſieurs fois
dans ſes plus grandes douleurs, il ne
faut pas s'étonner que cela fortifie le
peuple dans la croyance qu'il en a.
Toutes les fois que j'ai pris la liberté
de la preſſer de me dire ſi elle croyoit
qu'on l'eût empoiſonnée, elle ne m'a
pas voulu faire de réponſe ; voulant à
ce que je crois, épargner une augmen-
tation ſi ſenſible de douleur au Roi nôtre Maître. La même raiſon m'a empêché d'en faire mention dans ma premiere lettre: outre que je ne ſuis pas aſſez bon Médecin pour juger ſi elle a
été empoiſonnée ou non. L'on tâche
ici de me faire paſſer pour l'Auteur du
bruit qui en court; je veux dire *Mon-*
ſieur, qui ſe plaint que je le fais, pour

S 2

rompre

rompre la bonne intelligence qui est
établie entre les deux Couronnes.

Le Roi & les Ministres ont beaucoup de regret de la mort de *Madame*, car ils esperoient qu'à sa considération ils engageroient le Roi nôtre Maître, à condescendre à des choses, & à contracter une amitié avec
cette Couronne, plus étroite qu'ils
ne croient pouvoir l'obtenir à present. Je ne prétends pas examiner
ce qui s'est fait à cet égard, ni ce
qu'on prétendoit faire, puisque Vôtre Grandeur n'a pas jugé à propos
de m'en communiquer la moindre
partie : Mais je ne sçaurois m'empêcher de sçavoir ce qui s'en dit
publiquement, & je suis persuadé
que l'on ne refusera rien ici que le
Roi nôtre Maître puisse proposer,
pour avoir son amitié ; & il n'y a
rien de l'autre côté que les *Hol-
landois*

landois ne faſſent, pour nous empêcher de nous joindre à la *France.*
Tout ce que je ſouhaite de ſçavoir,
Mylord, pendant que je ſerai ici,
eſt le langage dont je me dois ſervir
en converſation avec les autres Mi-
niſtres ; afin de ne point paſſer pour
ridicule avec le Caractere dont je
ſuis revêtu. Pendant que *Madame*
étoit en vie, elle me faiſoit l'honneur
de ſe fier aſſez à moi, pour m'empêcher d'être expoſé à ce malheur.

Je ſuis perſuadé, que pendant le peu de tems que vous l'a-
vez connuë en *Angleterre*, vous
l'avés aſſez connuë pour la regretter tout le tems de vôtre vie ; &
ce n'eſt pas ſans ſujet. Car perſonne n'a jamais eu meilleure opinion
de qui que ce ſoit, en tous égards,
que celle que cette Princeſſe avoit
de vous. Et je crois qu'elle aimoit
trop

trop le Roi son Frere , pour marquer
la considération qu'elle faisoit paroître en toutes sortes d'occasions pour
vous, depuis qu'elle a vécu en bonne
intelligence avec vous , si elle n'eût
été persuadée que vous le serviez très-
bien & très-fidélement. Quand à moi
j'ai fait une si grande perte , par la
mort de cette Princesse , que je n'ai
plus aucune joie dans ce Païs ici , &
je croi que je n'en aurai plus jamais
en aucun autre. Madame , après
m'avoir tenu plusieurs discours pendant le cours de son mal , lesquels
n'étoient remplis que de tendresse
pour le Roi nôtre Maître me dit à
la fin qu'elle étoit bien fâchée de n'a-
voir rien fait pour moi avant sa
mort , en échange du zéle & de l'af-
fection , avec laquelle je l'avois servie depuis mon arrivée ici , elle me
dit qu'elle avoit six milles Pistoles
dispen-

dispersées en plusieurs endroits, qu'elle m'ordonnoit de prendre pour l'a-
mour d'elle ; je lui répondis qu'elle
avoit plusieurs pauvres domestiques,
qui en avoient plus de besoin que
moi : que je ne l'avois jamais servie
par intérêt , & que je ne voulois pas
absolument les prendre ; mais que s'il
lui plaisoit de me dire , ausquels elle
souhaitoit de les donner , je ne man-
querois pas de m'en acquiter très- fi-
dellement , elle eut assez de presence
d'esprit pour les nommer par leurs
noms. Cependant elle n'eut pas plutôt rendu l'esprit , que *Monsieur* se
saisit de toutes ses Clefs , & de son
Cabinet. Je demandai le lendemain
à une de ses femmes , où étoit cet
argent ? Laquelle me dit qu'il étoit
en un tel endroit. C'étoit justement
les premieres six mille Pistoles que le
Roi nôtre Maître lui avoit envo-
yées.

vées. Dans le tems que cet argent
arriva, elle avoit deſſein de s'en ſervir pour retirer quelque bijoux, qu'elle avoit engagez en attendant cette
ſomme. Mais le Roi de *France*, la lui
avoit déja donnée deux jours avant
que celle-ci arrivât, de ſorte qu'elle
avoit gardé toute la ſomme, que le
Roi ſon Frere lui avoit envoyée.

Sur cela j'ai demandé ladite
ſomme à *Monſieur*, comme m'ap-
partenant, & que l'ayant prêtée
à *Madame*, deux de mes domeſti-
ques l'avoient remiſe entre les mains
de deux de ſes femmes, leſquelles
en ont rendu témoignage à ce Prince ; car elles ne ſavoient pas que
ç'avoit été par ordre du Roi nôtre Maître. *Monſieur* en avoit déja emporté la moitié, & l'on m'a
rendu le reſte. J'en ai diſposé en
faveur

faveur des domestiques de *Madame*,
selon les ordres qu'elle m'en avoit
donné en presence de Monsieur l'Abbé de *Montaign*, & de deux autres
témoins; *Monsieur* m'a promis de me
rendre le reste, que je ne manquerai
pas de distribuer entr'eux de la même
maniere. Cependant s'ils n'ont l'esprit de le cacher, *Monsieur* ne man-
quera pas de leur ôter, dés que cela
parviendra à sa connoissance. Je n'a-
vois nul autre moyen de l'obtenir pour
ces pauvres gens-là, & je ne doute
pas que le Roi n'aime mieux qu'ils en
profitent que *Monsieur*. Je vous prie
de l'aprendre au Roi pour ma déchar-
ge, & que cela n'aille pas plus loin.
Monsieur le Chevalier *Hamilton* en a
été témoin avec Monsieur l'Abbé de
Montaign. J'ai crû qu'il étoit nécessaire de vous faire cette relation. Je
suis, Mylord, *&c.*

T. P.S.

'P. S. Depuis ma lettre écrite , je viens d'aprendre de trés-bonne part, & d'une personne qui est dans la confidence de *Monsieur* , qu'il n'a pas voulu délivrer les papiers de *Madame* , à la requête du Roi , avant que de se les être fait lire.& interpréter par Monsieur l'Abbé de *Montaigu* ; & même que ne se fiant pas entierement à lui , il a employé pour cet effet d'autres personnes qui entendent la langue , & entr'autres Madame de *Fienne* , desorte que ce qui s'est passé de plus secret entre le Roi & *Madame*, est & sera publiquement connu de tout le monde. Il y avoit quelque chose en Chifre , qui l'embarasse fort, & qu'il prétend pourtant deviner. Il se plaint extrémement du Roi nôtre Maître, à l'égard de la correspondance qu'il entretenoit avec *Madame* , & de ce qu'il traitoit d'affaires avec elle

elle à son insçu. J'espere que Monsieur l'Abbé de *Montaign* vous en
donnera une relation plus particulié-
re que je ne le puis faire. Car quoique *Monsieur* lui ait recommandé
le secret à l'égard de tout le monde,
il ne sauroit s'étendre jusqu'à vous,
si les affaires du Roi notre Maître y
sont interessées.

A Paris le 15. Juillet 1670.

AU ROI.

Sire,

JE dois commencer cette * Lettre
en supliant trés-humblement Vôtre Majesté de me pardonner la liberté que je prends de l'entretenir sur
un si triste sujet, & du malheur que
j'ai eu d'être témoin de la plus cruelle
& de la plus genereuse mort, dont

T 2   on

* *Cette Lettre est écrite par M.
Montaign à Charles II. Roi d'Angleterre.*

on ait jamais ouï parler. J'eus l'honneur d'entretenir Madame assez longtems le Samedi, jour précédent de celui de sa mort. Elle me dit qu'elle voyoit bien qu'il étoit impossible qu'elle pût jamais être heureuse avec Monsieur, lequel s'étoit emporté contr'elle plus que jamais, deux jours auparavant à Versailles, où il l'avoit trouvée dans une conférence secrette avec le Roi, sur des affaires qu'il n'étoit pas à propos de lui communiquer. Elle me dit que Vôtre Majesté & le Roi de France, aviez résolu de faire la guerre à la Hollande, dès que vous seriez demeurez d'accord de la maniere dont vous la deviez faire. Ce sont-là les dernieres paroles que cette Princesse me fit l'honneur de me dire avant sa maladie, car Monsieur étant entré dans ce moment nous interrompit, & je m'en retournai à Paris. Le lendemain

main lorsqu'elle se trouva mal , elle
m'appella deux ou trois fois , & Madame de *Mekelbourg* m'envoya chercher. Dès qu'elle me vit , elle me dit ,
vous voyez le triste état où je suis , je
me meurs. Helas que je plains le Roi
mon Frere ! Car je suis assurée qu'il va
perdre la personne du monde qui l'aime le mieux ; elle me rappella un peu
après , & m'ordonna de ne pas manquer de dire au Roi son Frere les choses du monde les plus tendres de sa
part , & de le remercier de tous ses
soins pour elle. Elle me demanda ensuite si je me souvenois bien de ce
qu'elle m'avoit dit le jour précédent ,
des intentions qu'avoit vôtre Majesté
de se joindre à la France contre la Hollande : je lui dis qu'oüi , surquoi elle
ajoûta , je vous prie de dire à mon Frere , que je ne lui ai jamais persuadé de
le faire par intérêt , & que ce n'étoit
que

que parce que j'étois convaincuë que
son honneur & son avantage y étoient
également intéressez. Car je l'ai toûjours aimé plus que ma vie, & je n'ai
nul autre regret en la perdant que celui de le quitter. Elle m'appella plusieurs fois pour me dire de ne pas ou-
blier de vous dire cela, & me parla en
Anglois. Je pris alors la liberté de
lui demander si elle ne croyoit pas
qu'on l'eût empoisonnée : son Confesseur qui étoit present, & qui entendit
ce mot-là , lui dit , Madame , n'ac-
cusez personne , & offrez à Dieu vôtre mort en sacrifice ; cela l'empêcha
de me répondre , & quoi que je fisse
plusieurs fois la même demande, elle
ne me répondit qu'en levant les épau-
les. Je lui demandai la cassette où é-
toient toutes ses lettres , pour les envoyer à Vôtre Majesté, & elle m'ordonna de les demander à Madame de
Borde ,

Borde, laquelle s'évanoüissant à tout moment, & mourant de douleur de voir sa Maîtresse en un état si déplorable, Monsieur s'en saisit avant qu'elle pût revenir à elle. Elle m'ordonna de prier vôtre Majesté d'assister tous ses pauvres domestiques , & d'écrire à Mylord Arlington de vous en faire souvenir : Elle ajoûta à cela , dites au Roi mon Frere que j'espere qu'il fera pour lui, pour l'amour de moi ce qu'il m'a promis ; car c'est un homme qui l'aime, & qui le sert bien. Elle dit plusieurs choses ensuite tout haut en *François,* plaignant l'affliction qu'elle savoit que sa mort donneroit à vôtre Majesté. Je suplie encore une fois vôtre Majesté de pardonner le malheur , où je me trouve réduit de lui aprendre cette fatale nouvelle ; puis que de tous ses Serviteurs , il n'y en a pas un seul qui souhaite avec plus

de

de paſſion & de ſincerité ſon bonheur & ſa ſatisfaction que celui, Sire, qui eſt, de Vôtre Majeſté, *&c.*

A Paris le 15. Juillet 1670.

* MYLORD,

SElon les Ordres de Vôtre Grandeur, je vous envoie la Bague, que Madame avoit au doigt en mourant, laquelle vous aurez, s'il vous plaît, la bonté de preſenter au Roi. J'ai pris la liberté de rendre compte au Roi moi-même de quelques choſes que Madame m'avoit chargé de lui dire, étant perſuadé que la modeſtie n'auroit pas permis à Vôtre Grandeur de les dire au Roi, parce qu'elles vous touchent de trop près. Il y a eu depuis la mort de Madame, comme vous pouvez bien vous l'imaginer dans une occaſion pareille, pluſieurs

bruits

* *Lettre de Mr Montaigu à Mylord Arlington.*

bruits divers. L'opinion la plus générale est, qu'elle a été empoisonnée,
ce qui inquiéte le Roi & les Ministres
au dernier point. J'en ai été saisi d'u-
ne telle maniere, que j'ai eu à peine
le cœur de sortir depuis ; cela joint
aux bruits qui courent par la Ville,
du ressentiment que témoigne le Roi
nôtre Maître d'un attentat si rempli
d'horreur, qu'il a refusé de recevoir
la lettre de Monsieur, & qu'il m'a
ordonné de me retirer, leur fait conclure, que le Roi nôtre Maître est
mécontent de cette Cour, au point
qu'on le dit ici. De sorte que quand
j'ai été à St. Germain, d'où je ne fais
que revenir, pour y faire les plaintes
que vous m'avez ordonné d'y faire,
il est impossible d'exprimer la joie
qu'on y a reçûë d'aprendre que le
Roi nôtre Maître commence à s'a-
paiser, & que ces bruits n'ont fait

aucun

aucune impression sur son esprit au préjudice de la France ; je vous marque cela, Mylord, pour vous faire connoître à quel point l'on estime l'union de l'Angleterre dans cette conjoncture, & combien l'amitié du Roi est nécessaire à tous leurs desseins : je ne doute pas qu'on ne s'en serve à la gloire du Roi, & pour le bien de la Nation. C'est ce que souhaite avec passion la personne du monde qui est avec le plus de sincerité, *Mylord*, &c.

* MYLORD,

JE ne suis guére en état de vous écrire moi-même, étant tellement incommodé d'une chute que j'ai faite en venant, que j'ai peine à remuer le bras & la main. J'espere pourtant de me trouver en état,

dans

* *Lettre de Mr. Montaigu à Mylord Arlington.*

dans un jour ou deux, de me rendre à
S. *Germain.* *Je n'écris pre-* } en
fentement que pour rendre con- } Chiffre.
te à vôtre Grandeur d'une chofe que je
crois pourtant que vous faurez déja;
C'eſt que l'on a permis au *Chevalier*
de *Lorraine*, *de venir à la Cour*, &
de fervir à l'Armée en qualité de
Maréchal de Camp.

Si *Madame* a été empoifonnée,
comme la plus grande partie du
Monde le croît, toute la France
le regarde comme ſon Empoiſon-
neur, & s'étonne avec raiſon que
le Roi de *France* ait ſi peu de
conſidération pour le Roi nôtre
Maître, que de lui permettre de
revenir à la Cour, vû la maniere inſolente dont il en a toûjours
uſé envers cette Princeſſe pendant
ſa vie. Mon devoir m'oblige à
vous dire cela ; afin que vous le

faſſiez

faſſiez ſavoir au Roi ; & qu'il en
parle fortement à l'Ambaſſadeur de
France , s'il le juge à propos , car
je puis vous aſſurer que c'eſt une
choſe qu'il ne ſauroit ſouffrir ſans
ſe faire tort.

F I N.

9 782329 232676